아빠 육아 처음이지?

아빠 육아
처음이지?

초판 1쇄 발행 _ 2019년 11월 20일
개정판 1쇄 발행 _ 2023년 5월 20일

지은이 _ 하태욱

펴낸곳 _ 바이북스
펴낸이 _ 윤옥초
편집팀 _ 김태윤
디자인팀 _ 이민영

ISBN _ 979-11-5877-341-0 03370

등록 _ 2005. 7. 12 | 제 313-2005-000148호

서울시 영등포구 선유로49길 23 아이에스비즈타워2차 1005호
편집 02)333-0812 | **마케팅** 02)333-9918 | **팩스** 02)333-9960
이메일 bybooks85@gmail.com
블로그 https://blog.naver.com/bybooks85

책값은 뒤표지에 있습니다.

책으로 아름다운 세상을 만듭니다. ― 바이북스

미래를 함께 꿈꿀 작가님의 참신한 아이디어나 원고를 기다립니다.
이메일로 접수한 원고는 검토 후 연락드리겠습니다.

예비아빠, 초보아빠를 위한 육아 필살기

아빠 육아 처음이지?

하태욱 지음

바이북스
ByBooks

　부모가 되기 전까지 나는 스스로를 효자라고 생각했다. 어버이날과 부모님 생신에 용돈과 선물을 드리면서 부모님께 효를 다한다고 믿었다. 부모님께 큰 염려 끼치지 않았으며, 이때까지 착한 아들로 잘 살았다고 자위했다.

　하지만 부모가 되고 난 이후 나의 그런 생각들이 너무나 큰 착각이었음을 깨달았다. 착한 아들로 살았다는 것은 맞지만, 그것이 부모님께 효를 다한 것은 아니었다. 나에 대한 부모님의 참사랑을 만분의 일이라도 어찌 갚을 수 있을까?

　나의 생각과 믿음이 몹시 부끄럽게 느껴졌다. 어버이날, 생신날 물질적인 선물이나 용돈이 전부는 아니었다. 그것으로 효를 행한다고 자부하며 살아가는 나를 바라보는 부모님의 마음이 어떠했을지 감히 짐작할 수 있었다.

　부모님께서는 나를 인간으로 키워주셨다. 그렇게 기르시려고 수많은 고초와 고생을 겪으셨다. 여리디 여린, 아주 작은 신생아 시절부터 갖은 고생을 하면서 이렇게 반듯한 사회인으로 만들어주셨다. 한 집

안의 가장으로 세워주셨다. 이것 자체가 아버지 어머니께는 일생일대의 큰 사건이다. 이것을 가슴에 새기고, 내가 부모님에게 받은 그 사랑으로 아들을 바르게 키우는 것이 참된 효일 것이다.

　나와 아내는 나란히 일생일대의 큰 사건을 겪고 있는 중이다. 앞으로 또 어떠한 일이 어떻게 펼쳐질지 기대가 된다. 그것에 대해 고민도 해보고 많은 생각을 해본다. 단언컨대 나는 아이를 기르는 일에는 인간의 희노애락이 모두 담겨 있다고 생각한다. 그래서 아이를 기르면서 부모는 더 큰 어른으로 성장한다고 본다.

　눈에 넣어도 아프지 않을 나의 아들 시온이. 나는 시온이를 기르면서 느꼈던 생각과 일화를 최대한 담담하게 서술하려고 노력했다. 그 노력이 책이라는 열매를 맺게 되었다. 그 열매를 독자들과 함께 나누고자 한다.

　아빠가 되면서 느꼈던 감정들을, '홀로 육아'에 지친 아내와 '함께 육아'를 하면서 느꼈던 감정들을 하나하나 정리해 보았다. 흔히 '독박 육아'라는 말을 많이 쓴다. 나는 이 말이 좀 잔인하다고 생각한다. 마치 모든 책임과 짐을 강제로 떠맡긴다는 느낌을 주기 때문이다. 따라서 '홀로 육아'라는 말로 바꾸고 싶다.

글을 쓰면서 전문적이고 어려운 내용들을 최대한 배제했고, 쉽게 쓰려고 노력했다. 그리고 이제 앞으로 아빠가 되실 분들, 초보아빠들, 할아버지 할머니들이 보았으면 하는 '건의 사항'도 담아보았다. 책을 읽다 보면 중복되는 뉘앙스의 내용들을 만날 것이다. 나의 경험과 주변 사람들의 경험에 비춰볼 때 정말 중요하고 꼭 실천이 필요하다고 판단한 부분은 강조하기 위해 중복의 뉘앙스로 글에 녹였다.

나의 졸필로 인해 수많은 아빠들이 육아에 동참했으면 한다. 세상의 많은 아빠들이 마음으로는 아내에게 홀로 육아의 짐을 지우고 싶어 하지는 않을 것이다. 그 마음 안다. 입에 풀칠을 하고 살아야 하기 때문에 어쩔 수 없다는 현실 또한 알고 있다. 그래도 아내의 홀로 육아가 아닌 함께 육아가 대세가 되었으면 하는 바람을 가져본다.

홀로 육아를 하고 있는 가정이 있다면 이 책을 통해 변화가 스며들었으면 한다. 홀로 육아보다는 함께 육아가 대한민국의 육아 풍토로 자리매김 하면 좋겠다. 그런 가정이 많아지면 자연스럽게 출산율도 조금은 올라가지 않을까? 참 즐거운 상상이다.

홀로 육아가 아닌 함께 육아를 잘 실천하고 있는 가정이 있다면 더욱더 잘할 수 있도록 박수를 쳐드리고 싶다. 그리고 부족한 글이지만, 나의 졸필을 읽고 변화를 꿈꾸는 초보아빠 혹은 예비아빠가 단 한명이라도 탄생한다면 더할 나위 없이 기쁠 것 같다.

마지막으로 책을 쓰도록 도와주시고 코칭해주신 자이언트 북컨설팅 대표 이은대 작가님께 감사의 말을 전한다. 더불어 주변의 많은 분들의 격려와 과분한 관심에 감사의 마음을 보낸다.

부족하고 못난 남편을 믿어주고 시온이를 잘 키워준 아내 김경이에게 감사를 표하고 싶다. 나를 어엿한 성인이 되기까지 갖은 고생을 하며 길러주신 부모님께도 이 지면을 빌려 너무나 감사하다는 말을 전하고 싶다. 막내딸을 예쁘게 고이 길러서 나에게 보내주신 장모님과 하늘에 계신 장인어르신께도 감사의 마음을 전한다.

진짜 소중하고 소중한, 힘들게 낳아서 더욱더 소중한 나의 분신 시온이. 그 귀한 아들의 마음속에 아빠의 졸작이 영원히 새겨지기를 바란다.

차례

아빠 육아
전성시대

감히 생각건대 현시대는 아빠 육아 전성시대라고 불릴 만하다.

불과 20년 전만 하더라도 양육환경이 많이 달랐다. 이웃 간 교류와 소통이 남아 있어 이웃들이 아이와 함께 놀아주고 육아를 도와주던 시절이었다. 농사짓던 시절은 말할 것도 없다. 대가족 제도 하에서 조부모님, 삼촌, 이모 등 많은 가족들의 아이를 향한 사랑은 이루 말할 수 없이 컸다. 이제는 이웃 간의 교류와 소통이 줄어들고 핵가족화 가정이 빈번하다 보니 엄마의 '홀로 육아'가 될 수밖에 없는 환경이다. 그렇지만 다행인 것은 아빠가 동참하는 '함께 육아'가 점차 늘어나고 있다는 점이다.

아빠의 육아 참여가 지속적으로 왕성하게 이루어져 앞으로도 아빠 육아 전성시대가 계속 이어지길 간절히 바란다.

아버지처럼 살기
싫지만 아버지처럼

낳실제 괴로움 다 잊으시고 기르실 제 밤낮으로 애쓰는 마음
진자리 마른자리 갈아 뉘시며 손발이 다 닳도록 고생 하시네
하늘아래 그 무엇이 넓다 하리요. 어머님의 은혜는 가이없어라

어버이날에 많이 부르는 〈어머니의 마음〉이라는 곡이다. 어린 마음
에 이 노래를 부를 때 왠지 엄숙해지고, 눈물이 날 것 같았다. 어머니
의 고생스러움이 감사해서일까? 어머니가 우리를 낳아주시고 길러
주셨기 때문에 감사해야 한다고 교육을 받아서 그런 것일까?

그런데 지금 생각해보면 조금 섭섭하다. 왜 어머니만 고생을 하였
는가? 왜 〈어머니의 마음〉만 있고 〈아버지의 마음〉은 없을까? 물론
주 양육자가 어머니였기 때문에 어머니가 많은 고생을 한 것은 사실
이다. 그러나 대부분의 아버지들도 가장이라는 이유로 많은 고생을
했고, 피눈물을 흘렸다. 가족들을 먹여 살리기 위해 갖은 고생을 하
였는데. 왜 어머니만 강조를 하였을까? '부모님의 은혜는 가이없어
라'라고 했다면 참 좋았을 텐데 하는 아쉬움이 든다.

아빠, 아버지! 참 뭉클한 단어이다. 가슴 한편이 아려온다. 내가 아빠가 되지 않았을 때는 막연히 머리로만 알고 있는 단어였다.

나의 아버지는 54년생 말띠다. 2019년 기준 한국 나이로 66세. 아버지는 할아버지와 할머니 사이에 4남 1녀 중 둘째아들로 태어나셨다. 전라북도 남원에서 태어나 국민학교('국민학교'는 일제강점기에서 일본이 사용하던 용어이다. '초등학교'라는 용어는 1996년부터 사용하기 시작했다. 그래서 아버지의 일화에서는 문맥상 '초등학교'가 아닌 '국민학교'를 사용했다.)만 졸업을 하고, 먹는 입을 줄이기 위해 중학교는 엄두도 내지 못한 채 열네 살의 나이에 무작정 부산으로 떠나셨다. 배운 것이 없기에 할 수 있는 일이라곤 몸으로 때우는 막노동뿐이었다.

지금은 조금 덜하지만 그 시절엔 지역감정이 무척 심했다. 좁은 땅덩어리에 전라도, 경상도로 나뉘어져서 같은 한국 사람임에도 무척 심하게 차별을 했다고 한다. 당시 경상도 지역은 공업 위주의 산업체계를 갖추고 있었다. 그러나 전라도 지역은 대부분 농업에서 벗어나지 못한 상태였다. 따라서 당연히 경상도 사람들이 돈이 많을 수밖에 없었다. 돈이 많다보니 경상도 사람들은 돈이 없는 전라도 사람들을 무시하고 심지어 전라도 깽깽이라고 비하했다.

서글픈 것은 그 시절 드라마나 영화에서도 전라도 사람은 대부분 식모나 깡패 막노동하는 사람으로 그려졌다. 게다가 나쁜 짓은 죄다 전라도 사람들이 하는 걸로 나오기도 했다. 이러한 매스컴의 영향도 전라도 사람들이 무시당하는 데 일조를 했다. 이와 같이 차별적인 상황에서 혈혈단신으로 부산에 발 디딘 아버지가 당했던 고초는 이루 말할 수 없었다. 아버지 의지와는 전혀 상관없이 무시를 당하신 것이다. 더군다나 아버지는 키가 작으시다. 그 작은 키로 힘든 막노동을 해내고 전라도 사람이라는 차별과 무시도 이겨내야 했으니 아버지는 강해질 수밖에 없었다. 그래서 남들보다 두세 배 더 열심히 뛰었고, 전문적인 미장 기술도 배웠다. 30년 넘게 미장일을 하면서 지금은 부산, 경남 쪽에서는 독보적인 존재가 되셨다. 독보적인 존재가 되실 때까지 겪은 갖은 고생을 생각하면 아버지가 대단히 존경스럽다.

내가 학생일 때 아버지가 약주를 드실 때마다 하시는 말씀이 있었다.

"욱아, 힘들제? 근데 학생일 때가 좋다. 대학교 졸업하고 밖에 나와 보면 알겠지만, 세상 살기 참 힘들다. 내 맘 같지가 않다. 돈 벌기 참 힘들데이. 니는 열심히 공부해라. 다른 것 신경 쓰지 말고."

아버지는 이런 말씀을 하시면서 피곤에 지쳐 쓰러지곤 했다. 약주만 드셨다 하면 잔소리를 하는 모습이 이해가 되지 않았다. 내가 바보도 아니고, 왜 했던 소리 또 하고 했던 소리 또 할까? 나는 아버지를 보면서 굳은 다짐을 했다.

'나는 아버지라는 위치가 되면 자식에게는 저런 소리 절대 안 해. 돈을 벌더라도 적당한 희생을 하면서 즐기면서 살 거야.'

아버지는 흙수저 중에 최악의 흙수저로 태어나셨다. 자수성가를 꿈꾸며 열심히 일만 하셨다. 힘들게 번 돈을 저축만 하고 가정과 일에만 충실하셨다.

어렸을 때 나는, 아빠는 돈을 벌어서 나에게 맛있는 거 사주고 좋은 장난감을 사주는 존재인 줄로만 알았다. 아빠는 그냥 돈 버는 기계이고, 당연히 나에게 용돈을 주는 존재, 그 이상도 그 이하도 아니었다. 사춘기 때는 아버지는 그냥 아버지일 뿐이었다. 철이 없어도 너무 없었다.

대학교 2학년을 마친 뒤 휴학 시절을 거치고 군대에 가게 되면서 나의 생각은 바뀌게 되었다. 백일 휴가를 나와서 아버지랑 목욕탕을 갔었다. 거의 10년 만의 동행이었다. 오랜만에 함께하는 목욕에서 딱히 할 말이 없었다. 그냥 아무 말 없이 등만 밀어드렸다. 그러다 문득 아버지의 등이 많이 왜소해져 있다는 것을 깨달았다. 갑자기 맘 한편이 짠해 왔다. 수십 년 전 나는 아버지의 이 등에 업혀 잠들곤 했는데…….

평소에 아버지와 대화가 없었지만 그날만큼은 말을 하고 싶었다.

"아버지 그동안 많이 힘드셨나 보네요. 오늘따라 왜 이렇게 등이 작아 보입니까?"

"욱이 니가 군대에서 힘들지, 나는 뭐 힘든 일 없다. 일 가면 밥 주지, 술 주지, 돈 주지. 너무 좋다."

김정현 작가의 장편소설 《아버지》를 읽은 독자 분들이 계실 것이다. 1997년에 출간된 소설인데 영화로도 만들어질 정도로 독자들의 사랑을 받았다. 이 소설은 가족들을 먹여 살리기 위해 돈을 많이 버는 것이 최선이자 의무라고 믿으며 살았던 우리 아버지들의 이야기

아빠 육아 전성시대

를 그린 작품이다. 나의 아버지도 《아버지》라는 소설에 나오는 아버지처럼 평범하신 아버지였다. 힘든 게 없다는, 여전히 아들에게 거짓말을 하는 아버지였다.

나는 경남 김해에 있는 장애인 거주시설에서 사회복지사로 근무하고 있다. 장애인들을 대상으로 내·외부 프로그램을 진행하거나 서류작업 등의 행정업무를 담당한다. 근무는 녹록지 않다. 야간 당직근무를 서고 다음 날 아침에 퇴근을 하는 날도 있다. 몸이 불편한 장애인들에게 최상의 서비스를 제공해야 한다는 긴장을 늘 늦추지 않는다. 사정이 이렇다 보니 업무 스트레스가 꽤 높다. 사람들에게 치이고 하루하루가 전쟁이다.

전쟁 같은 직장을 벗어나 집으로 돌아오면 녹초가 되지만, 아빠이기 때문에 나의 아들 시온이를 위해서 다시 한 번 힘을 낸다. 어쩌면 시온이 역시 내가 아버지께 그랬던 것처럼 당연하게 여길지도 모른다. 하태욱이라는 아빠를 돈을 벌어다 주고 장난감을 사주는 존재로만 볼 수도 있다. 그래도 내리사랑의 힘인 것일까? 시온이가 나를 그런 존재로 바라본다고 해도 너무나 예쁘고 사랑스럽다. 나의 아버지가 철부지 어린 아들을 예뻐했던 것처럼.

하지만 절대로 아버지처럼 살고 싶지는 않다. 부모의 희생, 어찌 보면 당연한 것일 수 있다. 희생이 필요하다고 생각한다. 아빠니까 그리고 부모니까. 그렇지만 과거의 부모들처럼, 아버지들처럼 쉼과 여가 없이 오로지 가족만을 바라보면서 우직하게 황소처럼 일만 하고 살아가고 싶지는 않다. 적당한 희생을 하고 싶다.

내가 너무 이기적인가? 시대가 바뀌었다. 과거의 권위적인 남편, 아빠라는 존재는 요즘 시대에 어울리지 않는다. 그리고 당연함이라는 것은 없다. 아빠라서 당연히 일만 해야 하는 것은 아니다. 아빠도 삶을 즐길 권리가 있고 행복하게 살 권리가 있다.

사랑하는 가족을 위해서, 사랑하는 아이를 위해서 희생은 하지만, 그 희생이 고됨이 아니라 즐거움으로 바뀌길 바란다. 힘든 육아가 아니라, 전투 육아가 아니라, 행복 육아로 바뀌었으면 한다. 이 시대의 아빠들이 적당한 희생을 하면서 즐겁고 행복한 육아를 할 수 있기를 바란다.

부부 싸움도 줄이는
아빠 육아

바쁜 사람들도 굳센 사람들도

바람과 같던 사람들도 집에 돌아오면 아버지가 된다.

(……)

어린 것들은 아버지의 나라다. 아버지의 동포다

아버지의 눈에는 눈물이 보이지 않으나

아버지가 마시는 술에는 항상

눈에 보이지 않는 눈물이 절반이다.

아버지는 가장 외로운 사람이다.

(……)

아버지의 때는 항상 씻김을 받는다.

어린 것들이 간직한 그 깨끗한 피로

　　김현승 시인의《아버지의 마음》이라는 시이다. 책을 보다가 책의 한
구절에서 이 시가 나오는 것이 아닌가. 이 시가 나의 마음을 울렸다.
어찌나 아빠들의 삶을 잘 묘사하였는지.

나는 하루 종일 일과 씨름을 하느라 집에 오면 피곤하다. 아빠니까, 가장이니까 눈물을 감추고 집에 돌아온다. 집에 오면 그냥 TV만 보고 쉬고 싶다. 손발을 깨끗이 씻고, 밥을 맛있게 먹고, 쉬고 싶다. 하지만 아빠를 기다리고 있던 시온이를 보면 편하게 쉴 수가 없다. 나는 시온이를 번쩍 들어 올려 찐하게 안아주고 뽀뽀해준다. 그럼 아빠의 스킨십이 좋은지 시온이는 마냥 웃는다. 이런 아들을 보고 있으면 피곤이 싹 달아난다.

나는 집에 돌아오면 먼저 깨끗이 씻는다. 그리고 맛있게 식사를 한다. 저녁식사 다음은 육아가 기다리고 있다. 시온이가 영아기일 때는 목욕 및 기저귀 갈기, 옷 갈아입히기, 안마 같은 간단한 육아보조만 해주면 되었다. 하지만 시온이가 두 돌이 지나고 걷기 시작하면서 일이 크게 늘어났다. 육아보조를 넘어 본격적인 아빠 육아가 시작된 것이다.

아빠 육아는 물론 힘들었다. 직장일과 병행하려니 힘든 정도가 두 배, 세 배로 늘어났다. 하지만 장점도 분명히 있었다. 장점을 생각하니 아빠 육아가 더 이상 고되지만은 않았다. 오히려 아이의 육아로 인해 힐링을 느낄 수 있었다.

아빠 육아의 첫 번째 장점은 아내의 감사다.

아빠 육아의 실천 결과 체력이 상대적으로 약한 아내가 남편의 도움에 감사함을 느끼게 되었다. 그 덕에 부부 사이도 한결 좋아졌다. 아이와의 친밀감도 더 높아졌다.

아빠 육아 진심시대

아빠 육아의 첫 번째 장점은 아내의 감사다. 아빠 육아의
실천 결과 체력이 상대적으로 약한 아내가 남편의 도움
에 감사함을 느끼게 되었다.

모든 아기들이 마찬가지겠지만 걸어 다니기 이전까지는 활동적이지 못하다. 앉아서 할 수 있는 블록이나 간단한 장난감으로 놀이를 할 수 있을 뿐이다. 하지만 아기들이 걸을 수 있을 만큼 자라면 세상을 탐색하게 된다. 걸어 다닐 수 있으니 자기 뜻대로 하려고 한다. 보고 듣고 느끼고 만지고 싶어 한다. 이때 타인에게 피해가 가지 않고 아기의 신변과 안전에 문제가 가지 않는다면 허용해 주는 편이 낫다. 그러한 행동을 통해 아이의 지능 또한 발전한다. 너무 자제를 시키면 욕구 불만이 생길 수 있다.

한편 육아는 힘들어진다. 아내는 시온이가 걷게 되면서 체력이 고갈됨을 느낀다고 했다. 늘 시온이를 예의 주시해야 하니 금방 지치고 마는 것이다.

보통 남자아이들은 여자아이들보다 상대적으로 활동적이기 때문에 엄마의 수고가 많아지게 된다. 그러므로 아빠의 육아가 필수적이다. 가령 아이랑 같이 위험한 도로나 위험한 장소를 다닐 때 아빠는 보다 재빠른 통제가 가능하다. 몸으로 놀아주기도 엄마보다 더 잘할 수 있다. 아빠 입장에서는 힘든 만큼 아이와의 애착관계가 깊어지니, '힘들수록' 좋은 일이다.

두 번째 장점은 아내에 대한 감사다.

나는 아빠 육아를 실천하면서 아내의 위대함을 깨닫게 되었다. 육아를 쉽게 생각하는 아빠들이 있다. 어쩌면 과거 자신의 아빠의 모습에서 그런 생각이 굳어졌는지도 모른다. 옛날 아빠들은 큰기침 한

번으로 모든 가정사를 해결하려 했다. 육아에는 문외한이었다. 또한 남자가 육아를 한다는 것은 수치스러움 그 자체였기에 육아에 관심도 두지 않았다. 이런 아빠의 모습을 보고 자란 아들이라면 훗날 남편이 되었을 때 육아를 쉽게 생각할 수 있다. 물론 아빠 육아에 소홀할 것이 틀림없다.

"여보, 아기 좀 봐 줘. 힘들어 죽겠어."

"야, 난 직장에서 상사 눈치 봐야 되고, 일도 해야 되고. 너보다 두 배는 더 힘들어. 세탁기가 빨래 돌려주고, 밥은 밥솥이 해주고, 음식은 가스레인지가 해주는데 뭐가 힘드냐? 아기 키우는 것 별로 어려워 보이지도 않더만. 우리 엄마는 나를 포함해서 7명이나 키웠어. 이거 왜 이래?"

육아를 부탁하는 아내에게 이렇게 쏘아붙일 가능성이 높다.

시대가 바뀌었다. 이웃끼리 왕래도 끊긴 요즘 아기를 돌볼 사람은 오로지 아내밖에 없다. 소위 말하는 독박 육아를 할 수밖에 없는 것이다. '독박 육아'라는 말은 왠지 잔인하다. 그래서 나는 '독박 육아'를 '홀로 육아'라 표현하고 싶다.

여하튼 육아에 참여할 마음이 없는 남편이라면 아내를 딱 하루만이라도 외출시켜주고 육아를 해보길 바란다. 아내의 고충을 십분의 일이라도 이해하게 될 것이다. 왜 아내가 푹 자고 싶어 하는지, 바깥바람을 쐬고 싶어 하는지 알게 될 것이다. 아내가 대단해 보일 것이다. 아내에게 감사하게 될 것이다.

세번째는 아빠 육아를 실천하면 자연스럽게 부부 싸움도 줄어든다.

아빠 육아로 아내의 스트레스가 적어지면서 생기는 현상이다. 오랜 시간 아이와 지내는 아내는 본인보다 아이의 욕구충족에 신경을 쓰기 마련이다. 그러다 보면 원피스보다는 운동복, 청바지에 면티가 어울리는 여자로 변한다. 삼시세끼를 제대로 차려먹는 것조차 사치가 된다. 본인이 하고 싶은 것, 먹고 싶은 것을 충족하지 못하니, 당연히 스트레스를 받을 수밖에 없다. 그 스트레스는 퇴근한 남편에게 화살로 날아오기 십상이다. 남편이 화살을 받아주면 다행이지만 남편 또한 힘든지라 받아주지 못하면, 결국은 부부 싸움이 일어나게 된다.

참고로 부부가 싸울 수도 있겠지만 아이 앞에서는 절대 금물이다. 아이의 정서에 상당한 악영향을 미친다. 성장 과정에 트라우마를 안긴다. 따라서 남편이 현명하게 대처하여 아내의 감정을 만져주고 싸움을 피하는 것이 좋다. 아내 또한 남편에게 모든 것을 다 쏟아 붓지 말기를 바란다. 남편은 감정을 받아주는 쓰레기통이 아니다.

이 세상의 아빠들에게 간곡히 부탁드리고 싶다. 육아, 정말 어렵다. 직장일보다 두세 배로 힘이 든 것은 맞다. 사회생활도 물론 힘들지만 사랑으로 낳은 아이에게 좀 더 힘을 기울이기를 바란다. 홀로 육아의 상황을 바꾸자. 아내 많이 도와주고, 아이와 놀아주자.

우선 아내에게 따뜻한 말 한마디라도 건네면 어떨까?

"여보, 많이 힘들었제? 오늘 내가 아이 다 봐 줄 테니, 당신 가서 좀 쉬라."

우리는 대한민국의 아빠이다. '아빠'라는 이름은 거룩하다. 거룩한 우리는 항상 감사하게 생각하자. 힘이 들어도 툴툴거리지 말고 불평불만하지 말자. 기억하자. 아빠 육아를 할 수 있는 시기는 두 번 다시 오지 않는다.

육아의 높이는
아이의 눈높이

　나는 어렸을 때 공부에 흥미도 없었고 잘하지도 못했다. 공부는 너무 지루했다. 그냥 친구들과 밖에서 뛰어놀고만 싶었다. 공부를 도대체 왜 해야 하는지도 의문이었다.

　부모님의 입장에서는 답답한 노릇이었다. 배운 것이 없어서 사회생활에 많은 제약을 받았다고 생각하셨던 부모님은 나를 어떻게든 공부를 시키려고 했다. 공부만 잘하면 좋은 대학과 좋은 직장에 갈 것이고, 그것이 곧 인생 성공이라 생각했다. 부모님은 공부하기 싫어하는 나에게 용돈 인상, 선물 공세, 감언이설 등을 동원해 억지로 공부를 시키려고 했지만, 나는 좀처럼 부모님의 뜻대로 움직여지지 않았다.

　하지만 공부에 조금씩 흥미를 붙이게 된 계기가 있었다. 그 계기를 밝히기 전에 우선 업체를 홍보하려는 의도가 절대 없음을 밝힌다. 오해하지 마시기를!

　방문학습지 가운데 대교교육의 '눈높이 학습지'라는 것이 있었다. '눈높이 선생님'이 집에 방문해서 학습지에 있는 문제를 가르쳐 주고 자기 주도적으로 학습을 하도록 유도한다. 마치 게임의 레벨처럼 쉬운 것에서 시작해 점점 어려워지도록 구성이 되어 있던 것으로 기억한다. 실력이 없었던 나는 가장 낮은 단계부터 시작해서 조금씩 단계를 높여갔다. 그러면서 공부의 재미를 조금씩 느낄 수 있었다. 무엇보다도 선생님께서 여성분이셨는데, 그 선생님을 보는 것도 어린 마음에 기쁨이었다. 나의 눈높이에 맞는 학습법과 여자선생님의 지도가 콜라보되어 나는 공부에 흥미를 붙일 수 있었다.

공부뿐만 아니라 육아에도 눈높이가 필요하다. 아이들의 입장에서 아이들의 수준에 맞게, 생각에 맞게 함께 놀아주는 것이 필요하다. 아이들은 놀고 싶어 한다. 고삐 풀린 망아지처럼 자기 마음대로 하고자 한다. 하루 종일 놀아도 피곤을 못 느끼는 듯하다. 실제로 키즈카페에 가보면 많은 아이들이 물 만난 고기처럼 놀고, 뛰고, 구르며 자기들의 세상으로 만들어버린다. 그런 아이들에게서 피곤한 기색은 전혀 찾아볼 수 없다. 이렇게 하루 종일 뛰놀다 집에 가면 곧 잠자리에 들어야 할 텐데, 대부분의 아이들은 더 놀고 싶어 한다. 그러면 대부분의 부모들은 다그친다. 육아로 인해 피곤해진 엄마들은 아이가 자야만 쉴 수 있기 때문에 빨리 자라고 혼을 낸다. 아이는 놀기를, 엄마는 자기를 원한다. 이럴 경우 어떻게 해야 할까?

아이의 눈높이에 맞춰 최대한 설명을 할 필요가 있다. 보통 아이가 잠을 안 잔다고 하면 부모는 목소리를 높이거나 윽박지르게 된다. 처음에는 효과가 있을 수도 있다. 하지만 길어지면 아이와의 관계만 나빠지고, 기를 꺾게 만드는 행동이 된다. 자제할 필요가 있다. 말을 알아듣든 못 알아듣든 최대한 쉽게 설명을 해줘야 한다. 무엇보다 아이와의 공감과 경청이 중요하다.

TV에서 아이와의 공감에 관한 프로그램을 본 적이 있다. 무릎을 탁 치면서 보았다. 보통 엄마들은 맞벌이 때문에, 엄마의 편안함을 위해서, 혹은 기타 이유로 아이들을 놀이방이나 어린이집에 보낸다.

이런 상황을 두고 심리학자들은 엄마를 두 가지 유형으로 나눈 뒤 〈어떻게 하면 아이들이 자기 스스로를 안정시킬까?〉라는 실험을 했다. 첫 번째 엄마는 어린이집을 가는 아이에게 이렇게 이야기하며 위로했다.

"엄마가 곧 데리러 올 거니까 괜찮아. 친구들이랑 잘 놀고 있어."

그러자 아이는 대성통곡을 하며 울고불고 난리가 났다.

두 번째 엄마는 어린이집 가는 아이에게 이렇게 말했다.

"우리 아들 힘들지? 엄마가 없어서 어떻게 하면 좋니?"

그 엄마는 아이의 슬픈 마음에 공감을 해준 것이다. 두 번째 엄마의 아이도 처음에는 울며 슬퍼했다. 그런데 진정되는 속도가 첫 번째 유형보다 훨씬 빨랐고, 오히려 엄마를 안아주는 모습까지 보였다.

이 실험이 의미하는 바는 자명하다. 엄마가 아이의 감정을 읽어주었기 때문에 아이도 부모의 마음을 헤아릴 수 있었다는 것이다.

이와 같이 설명과 대화, 공감을 통해서 아이를 설득시켜야 한다. 물론 이 글을 읽으면서 이렇게 생각하는 엄마, 아빠들도 있을 것이다.

'이론은 이론일 뿐이다. 몰라서 안 하는 것 아니다. 해봐도 소용

이 없더라.'

나도 처음에는 부모교육 관련 책들을 읽고 비슷한 생각을 했다.

'치, 말은 그럴싸하네. 그런데 잘 안 바뀌던데? 언제까지 알아듣도록 해야 되노?'

그러나 낙숫물이 바위를 뚫는다는 속담이 있듯이 진득함과 꾸준한 노력은 아이를 바꿀 수 있다. 기억하자. 아이들의 눈높이에서 꾸준하게 설명을 해야 한다는 것을.

아이들의 입장에서 육아를 하기 위해 노래를 배워볼 것을 제안하고 싶다. 사람은 자기와 닮고 자기와 비슷한 행동을 하는 사람에게 호감을 느낀다고 한다. 아이들도 마찬가지다.

전 세계적인 동영상 사이트인 유튜브에서 대박 난 영상이 있다. 바로 그 유명한 핑크퐁이다. 핑크퐁은 현재까지 4,000여 편의 동요 동화 영상 콘텐츠를 선보였는데, 그중 가장 유명한 콘텐츠는 동요 〈아기 상어(베이비 샤크)〉다. 〈아기 상어〉는 따라 하기 쉬운 중독성 있는 후렴구 등을 통해 한국은 물론 해외에서 큰 인기를 끌고 있다. 유튜브 최다 조회 영상 17위에 오르고, 동요 최초로 미국 '빌보드 핫100 차트'에 진입하기까지 했다. 아이를 키우는 부모라면 〈아기 상어〉를 한 번쯤은 들어봤을 것이다. 아이들에게 많은 인기를 얻고 있는 이 노래를 배워보자. 배워서 아이와 함께 불러보자. 아이는 '자기와 닮고 자기와 비슷한 행동을 하는 사람'에게 호감을 느끼기에 좋은 결과를 얻을 수 있을 것이다.

우리 아들 시온이도 현재 〈아기 상어〉뿐만 아니라 핑크퐁 자동차 캐릭터 영상과 음악에 푹 빠져 있다. 다른 것에 빠져 있다가도 핑크 퐁 자동차 캐릭터 영상과 음악이 나오면 바로 달려올 정도이다. 아직 언어발달이 되지 않아 노래는 부르지 못하고 있다. 하지만 언젠가는 말을 잘하게 되어 신나게 노래를 부를 날이 올 것이다. 그날을 꿈꾸며 나도 〈아기 상어〉 노래와 그 춤도 더불어 배우게 되었다. 왜? 시온이 와 대화를 하고 싶고 함께 놀고 싶어서다. 시온이를 위해서라면 무엇 이든지 할 준비가 되어 있다. 이것이 모든 부모들의 마음이 아닐까?

"아이들과 함께 놀아주고 싶어요. 훈육도 잘하고 싶어요. 그런데 시간이 없어요. 또 훈육의 중요성도 잘 알고 있지만 저의 성격이 욱 하는지라 뜻대로 안 돼요. 저도 이렇게 살기 싫어요."

이와 같은 고민을 하는 부모님들이 있을 것이다. 나 또한 그랬다. 그러나 하루하루 반성을 해보니 SNS와 TV에는 시간을 쓰면서 고작 한두 시간 아이를 위해 시간을 못 내는 내 자신을 발견할 수 있었다. 한심했다. 그 발견 이후로 무조건 최소 하루 한 시간은 시온이와 놀 려고 무진장 노력했다. 개인적인 사정으로 인해 못 놀게 되면 다음 날에는 더 놀아주려고 애를 썼다.

> 사람은 금전을 시간보다 중요히 여기지만, 그로 인해 잃어버린
> 시간은 금전으로 살 수가 없다.'
>
> – 유태인 격언–

요즘 이 격언이 맘에 무척 와 닿는다. 어렸을 때의 경험과 놀이가

　　　　　　　　아빠 육아 전성시대

훗날 아이의 성장에 있어 큰 밑거름이 되리라 생각한다. 그래서 아이를 위해서 함께하는 시간은 소중하며, 절대로 아까운 시간이 아니다. 허투루 버려지는 시간이 아니다. 결코 돈으로 살 수 없는 시간이다.

아이의 입장에서 오늘도 나는 힘차게 육아를 한다. 나는 아빠니까!

대화가 필요해

나는 앞서 밝힌 것처럼 경남 김해의 장애인 거주시설에서 사회복지사로 근무하고 있다. 육체적으로 건강하지 못하고 정신이 온전하지 못한 분들을 대상으로 일을 하니 스트레스가 만만치 않다. 일을 마치고 집으로 돌아가면 굉장히 피곤하다. 그 피곤함을 무릅쓰고 저녁을 먹고 나면 아내를 대신해 시온이랑 한 시간 정도 놀아주고 집안일도 도와준다.

아내의 대화 상대 역할도 한다. 그런데 미주알고주알 풀어놓는 아내의 이야기를 어느 정도 듣다 보면 자동적으로 눈꺼풀이 무거워진다. 솔직히 내 생각에는 크게 중요한 내용도 아닌, 시시콜콜한 내용이다. 심하게 말하면 들어도 그만, 안 들어도 그만인 이야기이다.

한번은 이런 이야기를 나눈 적이 있다.

"여보, 옆집 할머니가 담배를 피데. 그 연세에 담배를 피다니, 안 대단하나? 몸도 불편해 보이던데, 대단한 것 같지 않나?"

피곤에 절어 있는 나의 입장에서는 이런 사소한 질문에 대답하려니 귀찮기도 했다.

"뭐, 필 수도 있지. 그런 걸 왜 신경 쓰노? 귀찮구로."

아내는 시온이가 선교원에서 적응을 잘하는 것 같아 기분이 좋다는 둥, 드라마를 봤는데 너무 재미가 있다는 둥 자질구레한 이야기들을 쉼 없이 재잘거렸다. 결국 내 입에서는 삐딱한 말이 튀어나갔다.

"피곤하지도 않나? 나는 피곤해 죽겠거든. 이제 좀 그만하자."

아내는 섭섭했는지 구시렁대면서 입을 삐죽댔다.

가수 아이유와 2AM의 멤버인 슬옹이 함께 부른 〈잔소리〉라는 노래를 다들 아실 것이다. 가사를 잘 새겨보면 "남녀 사이의 소통에 관한 내용이네"라는 말이 절로 나올 것이다. 여자 입장인 아이유는 "늦게 다니지"마라, "술은 멀리"해라, 하며 잔소리를 퍼붓는다. 그것이 "다 널 위한" 소리라고 한다. 반면 남자 입장인 슬옹은 잔소리 좀 그만하자고 한다. "사랑하기만 해도 시간 없다"고 하면서.

노래의 가사에서 엿볼 수 있듯이 연인들은 대화를 통해 서로의 사랑을 확인하려고 한다. 특히 여성분들은 사랑을 확인하려는 경향이 더욱더 강하다. 사실 연인뿐만 아니라 모든 사람들이 진실한 대화로 서로의 관계를 확인하고 싶어 하지 않을까? 그렇게 인간관계를 지켜가고 싶어 하지 않을까? 하물며 제일 가까운 부부라면 두말할 것 없다. 진실한 대화와 소통은 부부 관계를 굳건하게 지켜준다.

나는 이를 알면서도 막상 아내와의 대화에 충실하지 못했던 것이다.

육아와 회사업무. 둘 중 어느 것이 더 힘이 들까?

아내들에게 "일할래? 육아할래?" 하고 물어본다면, 아내들은 어떤 대답을 할까? 나는 일을 택하는 아내들이 월등히 많을 것이라고 확신한다.

일단 육아를 하면, 제시간에 제대로 된 식사를 하는 것부터가 언감생심이다. 그리고 남편의 월급으로 모든 것을 해결해야 하니 누릴 수 있는 것이 줄어들 수밖에 없다. 사람을 만나기도 힘들어져 외로움은 극을 달리게 된다. 구심점을 아이에 두다 보니 미혼시절 친했던 친구들, 지인들과는 자연스럽게 멀어지게 된다. 조리원 동기나 문화센터에서 만난 엄마들과 더 가깝게 지낼 수밖에 없는 환경에 처한다. 미혼시절 마당발이었던 여자분들도 엄마라는 타이틀을 달게 되면 평발로 변하기 십상이다. 그뿐만이 아니다. 육체적, 정신적으로 피곤하니 우울증이 생길 위험도 높다. 무엇보다 미혼 시절의 참다운 '나'를 잃어가는 것에 서글퍼진다.

그러므로 아내들 입장에서는 일을 할 수 있는 것이 너무 좋은 것이다. 나의 아내 또한 육아와 일 중에서 무조건 일을 원했다. 하지만 시온이의 심리와 발달, 성장을 위해 일하고 싶은 마음을 참았다. 지금이라도 아내는 아기만 없다면 당장이라도 일을 할 것이다.

나는 아기를 돌보는 것이 얼마나 힘이 드는지 알고 싶었다. 일부러 토요일에 아내를 외출시키고 혼자서 시온이를 도맡았다. 밥을 먹여주고, 기저귀 갈아주고, 놀아주고, 재워주고, 정말 힘이 들었다. 심지어 이런 생각까지 들었다.

'우와, 육아는 사람이 할 짓이 아니네!'

시온이는 내 뜻과 상관없이 자기의 뜻대로 움직였다. 오로지 본

선교원에서 노는 아들 시온이.
시온이는 내 뜻과 상관없이 자기의 뜻대로 움직였다. 활
발히 움직이는 아들을 하루종일 돌보는 것은 육체적 정
신적으로 엄청난 에너지를 소비한다 아내는 위대하다.

능에 충실한 행동만 했다. 당연히 시온이는 그럴 시기였던 것이다.

　도와주는 사람 전혀 없이, 누군가와 대화도 없이 혼자서 시온이를
케어한다는 것은 정신적 고통이었다. 아내가 정말 대단해 보였다. 정
말 감사했다. 그리고 왜 그렇게 나와 이야기를 나누고 싶어 했는지,
그 이유를 확실히 알게 되었다. 아내는 육아의 힘든 점을 남편이 알
아주기를 바랐던 것이다. 대화를 통해서 육아 스트레스를 풀고 싶었
던 것이다.

　그날 아내가 외출을 마치고 돌아왔을 때 나는 아내를 꼭 안아주

었다.

"여보, 고생 많았제? 너무 고맙다. 이렇게 고생할 줄을 전혀 몰랐다. 앞으로 당신 많이 도와줄게."

"아이고, 우리 남편 철들었네. 많이 힘들었나 보네. 욕봤다."

나는 약간의 변화를 결심했다. 직장을 다녀와서 피곤하더라도 아내와 대화를 많이 나누기로. 무조건 최소 한 시간 이상은 대화를 하기로. 중요한 이야기는 말할 것도 없고, 별로 중요하지 않은 시시콜콜한 이야기까지.

이 글에 고개를 갸우뚱하는 아빠들에게 권한다. 단 한 번이라도 나처럼 아내를 외출시켜 놓고 혼자 아이를 돌보아 보기를. 그래서 아내는 남편과 대화하기를 원한다. 남편들은 직장에서 힘들게 일하고 와서 그냥 쉬고싶다. 아빠들에게 약간의 꼼수를 가르쳐줄까 한다. 그 꼼수란 우리가 익히 잘 알고 있는 공감과 경청이다. 공감과 경청의 마법을 느껴보았는가? 특히 여성과 함께할 때는 공감과 경청이 중요하다. 조물주는 여성들이 남성보다 말을 많이 하도록 만들었으니, 남성인 아빠들은 넓은 가슴으로 이해해줄 필요가 있다. 그다지 어렵지 않다. 경청을 하면 공감은 자연스럽게 따라온다. 정말 피곤해서 대화할 힘조차 없다면 눈을 마주보고 고개라도 끄덕여주면 된다. '나는 당신의 말을 잘 듣고 있으며 공감하고 있어요'라는 의미로 말이다.

아내가 정말 별것 아닌 것을 말한다고 할지라도 중간에 끊지 말자. 가끔은 오버하며 리액션도 던져보자.

　　　　　　　　아빠 육아 전성시대

"와, 너무 재미있네. 아하하!"

나는 가끔 이런 리액션을 하며 박수까지 친다. 그러면 아내는 굉장히 좋아하며 이야기를 더 늘어놓는다. 이때 피곤하다는 빌미로 아내의 이야기를 빨리 끊을 수 있다. 아내는 기분이 좋은 상태이기에 크게 서운해하지 않는다. 괜찮은 꼼수 아닌가?

하지만 꼼수는 꼼수일 뿐이다. 너무 자주 꼼수를 부리지는 말자. 가끔 진정성 있는 대화를 펼치도록 해보자. 그 힘든 군대도 다녀왔는데, 까짓것 1시간 정도 아내의 이야기를 못 들어 주겠는가?

아내는
쉬고 싶다

휴식休息. 국어사전을 찾아보면 '일을 하던 도중에 잠깐 쉼'이라 설명되어 있다. 여기서 休휴라는 한자는 사람이 나무 옆에서 쉬고 있는 모습을 형상화한 글자이다. 쉼의 본질에 대해 잘 표현한 글자인 듯하다.

미국의 작가이자 강연가였던 데일 카네기는 휴식에 관한 명언을 남겼다.

> "휴식은 시간낭비가 아닌 회복이며, 회복의 힘은 우리의 상상을 초월한다."

완전한 휴식을 취하는 것은 방전된 에너지를 채우는 것과 같다. 아무리 즐겁고 재미있는 일이라고 할지라도 피로가 쌓여 있는 상태에서는 절대로 최고의 효과를 낼 수 없다. 집중도도 떨어지고 현명한 판단 또한 힘들게 되어 일의 결과에 안 좋은 영향을 미칠 수도 있다. 그래서 사람들이 여름휴가를 가는 이유는 자명할 수밖에 없다. 휴식

아빠 육아 진성시대

을 통해서 떨어진 에너지를 다시 충전시키기 위한 것이다. 일상으로 복귀했을 때 다시 열심히 일할 수 있도록 스스로를 만드는 것이다. 휴식은 정말 중요하다.

육아에도 반드시 쉼이 필요하다. 즐겁고 재미있는 일에도 반드시 휴식을 가져야만 하는데 하물며 정신적, 육체적 스트레스가 상당한 육아는 오죽하랴?

남편들은 육아를 쉽게 생각하는 경우가 있다. 여기 웃기지만 슬픈 일화가 있다. 라디오에 어느 여성 청취자가 보내온 사연이다. 공무원 생활을 하던 남편이 정년퇴직을 했다고 한다. 젊은 시절에는 일만 하느라 집안일과 육아에 소홀했는데, 정년퇴직을 하고 난 뒤에는 취미 활동에 몰두하느라 역시 집안일과 육아에 소홀했다고 한다. 하루는 두 살 손자가 집에 놀러 왔다. 할머니와 며느리는 할아버지에게 아기를 맡겨놓고 잠깐 장을 보러 가기로 했다.

"영감, 지훈이 잘 봐요. 울리지 말고."

"아버님, 지훈이 잘 봐 주세요. 그럼 부탁할게요."

"아, 그래. 내 걱정은 하지 말고 잘들 다녀와."

장을 보고 집에 돌아온 할머니와 며느리는 깜짝 놀랐다. 아기가 누워서 계속 울고 있는데, 할아버지는 안아주기는커녕 쳐다만 보고 있는 것이 아닌가?

"아버님, 뭐 하시는 거예요? 지훈이 울잖아요."

"왜 그래? 잘 봐 달래며? 그래서 계속 잘 쳐다보고 있었다."

웃기지만 웃을 수만은 없는 사연이다. 사연에는 퇴직 때까지 일만 하고 집안일이나 육아에 신경을 안 썼던 예전 아버지들의 모습이 그대로 묻어 있다. 이 할아버지에게 육아는 정말 식은 죽 먹기다. 쳐다만 보는데 힘들 게 뭐가 있겠는가? 이렇듯 육아를 안 해본 남편들은 아내의 육아를 쉽게 생각할 수 있다.

육아는 절대 쉬운 일이 아니다. 정신적으로 육체적으로 힘이 든다. 아빠의 함께 육아가 절실하다.

"누가 육아 안 도와주고 싶어서 그래요? 회사일이 바쁜데 어떻게 해요?"

"아내도 일 해봤잖아요. 일하고 집에 오면 녹초가 돼서 쉬고만 싶다고요."

남편분들은 이렇게 항변할 수도 있다. 나 또한 일을 하고 있는 입장이기에 인정한다. 그러나 하루 한두 시간을 육아에 바치는 것이 정말 불가능한 것인지 곰곰이 생각해봤으면 한다. 핸드폰 게임이나 SNS, TV에 투자하는 시간만 줄여도 가능하다. 이것들에 열심히 투자한다고 해서 인생이 크게 바뀌는 것도 아니다. 그냥 그 순간 즐거울 뿐이다. 육아를 하자. 아빠의 육아는 아이의 미래에 긍정적인 영향을 미칠 수 있다는 점을 깊이 새겼으면 한다.

육아에 참여해서 아내에게 쉼을 주자. 힘든 아내는 고급스러운 리조트나 호텔에서의 휴식을 원하는 것이 아니다. 유명 관광지로 놀러가기를 원하는 것도 아니다. 정말 소박하게, 조금의 쉼이라도 주어진다면 그것만으로도 감사한다. 마음 편히 남편에게 아이를 맡겨놓고 커피숍에서 친구들과 수다를 떨면서 마시는 커피를 그리워한다. 혼자 조용히 책을 보고 싶어 한다. 이런 휴식을 갖지 못하더라도 아이에게 신경을 덜 쓰는 것 자체도 쉼이 될 수 있다. 아내에게는 잠시나마 육아를 던져버리고 휴식을 통해 재충전할 수 있는 시간이 필요하다. 아내에게는 한 아이의 엄마, 한 남자의 아내가 아닌 진정한 '나'를 찾고 싶을 때가 있다. 휴식이 있어야만 '나'를 만날 수가 있다. 남편들은 이 마음을 헤아려야 한다.

시온이가 점점 커가면서 놀고 싶은 것, 하고 싶은 것이 많아지게 되었다. 자연스럽게 집보다는 놀 거리가 많은 키즈카페를 주말에 종종 간다. 키즈카페에서는 수많은 아이들이 뛰어다니고, 구르고, 논다. 아이들의 땀 냄새가 진동하지만 그 냄새조차도 사랑스럽다.

시온이도 놀게끔 내버려두니 잘 논다. 너무 행복해 보인다. 그런데 갈 때마다 이상한 점을 발견한다. 아빠들이랑 같이 온 아이들의 엄마는 아이들이 놀면서 다칠까봐 노심초사 하면서 같이 옆에 있어 주고 따라다닌다. 그런데 아이의 아빠라는 사람은 책을 읽거나 핸드폰 삼매경에 빠져 있다. 아내와 번갈아가면서 아이를 케어해주면 참 좋을 텐데, 아내 역시 책을 보고 싶고 핸드폰을 하고 싶을 텐데, 왜 엄마라는 이유로 혼자서 고생을 해야 할까?

나들이를 할 때에도 아빠의 도움이 많이 필요하다. 집이 아닌 바깥은 아이들 입장에서는 완전히 신세계이다. 신세계에 입장한 아이들이 얼마나 하고 싶은 것도, 만지고 싶은 것도 많을 것인가? 부모 손을

잡고 가다가 신기한 것이 발견되면 손을 뿌리치고 뛰어가기 일쑤다. 이때 엄마보다는 아빠가 통제하기 쉽다. 고집을 부리고 떼를 쓸 때도 엄마의 달램보다는 아빠의 한마디가 효과적일 수 있다.

물론 잘하고 있는 남편들도 분명히 있다. 과거보다 많은 남편들이 육아에 동참하고 있는 것도 사실이다. 아이는 부부가 서로 사랑을 해서 만든 걸작품이다. 걸작품을 부부가 힘을 합쳐 더욱더 빛내고 싶은 생각은 없는가? 생각만 있다면 충분히 할 수 있다.

한편 아내들은 육아로 인해 힘들다 보니 마음의 여유가 없어지고 거칠어지기 쉽다. 남편이 그 마음을 잘 헤아려주고 받아주면 되는데, 남편도 힘든 일 마치고 돌아온 터라 그것이 쉽지 않다. 서로 힘들다 보니 결국 싸움으로 번지게 된다.

나 또한 여느 부부들처럼 신혼 초에 많이 싸웠다. 그리고 한 번의 유산과 난임을 거쳐 힘들게 임신을 했다. 임신한 아내를 보며 '절대로 싸우지 말아야지' 다짐에 또 다짐을 했다. 하지만 임신으로 예민해진 아내로 인해 자주 싸웠다. 시온이가 태어난 뒤 '이제 아이가 있으니 내가 더 참고 절대로 안 싸워야지' 하며 또 다짐을 했다. 하지만 그 다짐이 무색하게 또 싸우고 말았다. 다짐을 쉽게 잊는 내 자신이 한심했다. 아내와 아들에게 미안했다.

"육아가 얼마나 힘들지 아나? 좀 많이 도와주면 안 되나? 나 조금 쉬고 싶다."

아내는 이 말을 입에 달고 살았다. 얼마나 힘이 들었으면 그랬을까?

모쪼록 아내분들에게도 부탁을 하고 싶다. 남편도 힘이 드니, '그런가 보다' 하며 한두 번쯤은 이해를 해주면 좋겠다. 힘든 사회생활, 직장생활 가운데 남편도 사람이다 보니 육아에 동참하지 못할 수도 있다. 하고 싶은데 못할 수도 있다. 바가지는 적당히 긁고 한두 번쯤은 이해를 해주자.

사전에 없는 단어를 내가 만들어 보았다. 그 단어는 바로 '가정경영전문가'이다.

아내들은 가정경영전문가이다. 살림하고, 아이 키우고, 남편도 보필하니 가히 가정의 최고 전문가이다. 가정경영전문가인 아내들이 보다 힘을 내주길 바란다. 물론 남편들도 힘을 내야 한다. 힘들어서 아내 같은 가정경영전문가가 되지 못한다면 최고의 보좌관이 되도록 하자.

남편과 아내가 서로 진심을 다해 힘을 모으자. 부부가 서로 존중하는 것도 좋은 육아다. 부부가 서로를 존중하지 않으면 훗날 아이들도 부모를 존중하지 않는다. 아이들은 엄마 아빠의 말투, 행동, 태도를 그대로 따라 한다. 스펀지처럼 흡수한다.

이 땅의 남편들이여, 육아, 회사일, 바깥일 어느 하나 쉬운 것 없다. 하지만 육아만큼은 때가 있다. 세월이 지나면 하고 싶어도 못한다. 지금 육아를 하면 세월이 흘러 좋은 추억으로 남을 것이다. 부디 육아를 하자.

행복한 가정 별거 없다

가화만사성家和萬事成. 원체 유명한 한자성어인지라 다들 알고 계실 것이다. 집안이 화목하면 모든 일이 잘 이루어진다는 뜻이다. 지혜로운 조상님들은 그만큼 가정이 중요하다는 것을 잘 알고 있었던 것이다.

부부가 만나 가정을 이루고, 가정이 모여 집단과 마을이 생긴다. 결국 가정은 국가의 토대이다. 국가의 가장 기초적인 집단인 가정의 중요성은 재차 강조해도 과하지 않다.

행복한 가정이라는 것은 사실 별거 없다. 가족 사이의 이해와 사랑, 이것만으로도 충분하다. 하지만 이해와 사랑을 실천하지 못하면 가정은 깨진다. 결손가정과 비행청소년이 생겨난다. 국가의 토대가 흔들린다. 안타까운 일이다. 행복한 가정을 위해서는 아빠, 엄마 둘 다 노력이 필요하다. 행복한 가정을 위해 더욱 노력하자.

아내의 말을
잘 듣자

"어른 말을 잘 들으면 자다가도 떡이 생긴다"라는 속담이 있다. 수많은 경험으로 지혜를 얻은 어른들의 말을 잘 들으면 여러 가지로 이익이 된다는 선조들의 가르침이다.

결혼생활을 하고 육아를 하면서 이 속담의 '어른'이라는 단어에 '아내'를 대입해보았다. 즉, 아내 말을 잘 들으면 자다가도 떡이 생긴다. 기가 막힌 대입이 아닌가?

아내는 고졸이다. 처갓집의 막내딸로 태어났는데, 오빠(나에게는 처남)만 대학교에 갔다. 대학교를 가고 싶어 했던 아내는 수능시험까지 다 치른 상태였지만 딸이라는 이유로 차별을 받아 결국 꿈을 접었다. 언니들(나에게는 처형) 또한 고등학교만 졸업하고 사회생활을 했다. 언니들처럼, 아내도 스무 살 때 사회로 진출해서 다양한 일을 했다. 결혼 전쯤에 간호조무사 일을 하다 교회 사모님의 소개로 나를 만났다. 그리고 나와 결혼해 아이를 낳고 살게 되었다.

고졸이라는 학력으로 사회생활을 하다 보니 아내는 무시와 부조리한 대접을 받았다. 이것이 큰 상처가 되었다. 지금도 아내는 대학 진학을 꿈꾼다. 나는 시온이가 조금 더 자라면 아내가 꿈을 이룰 수 있도록 도울 생각이다.

한편 나는 대졸이다. 대학원까지 수료했다. 온실 속의 화초처럼 살다가 대학교 입학 후 자유분방하게 살았다. 보통의 남자들처럼 군 복무를 마친 뒤 대학을 졸업하고, 이후 취업을 해서 사회생활에 뛰어들었다. 아내는 나보다 비록 배운 것은 조금 덜할지라도 훨씬 지혜롭다. 한마디로 센스가 있다. "이런 생각까지 하다니 대단한데" 하며 치켜세운 적이 많았다. 결혼을 해보니 아내는 나에게 진정한 도움을 주는 여자였다. 학력, 지식은 사는 데 별 도움이 되지 않았다. 나의 지식보다는 아내의 지혜가 더 가치 있었다.

나는 생각을 깊게 하기 보다는 즉석에서 즉흥적으로 행동하는 편이다. 그래서 사고를 치기도 한다. 시온이가 태어난 지 일 년쯤 지났을 무렵이었다. 아내의 수고에 보답하고 싶어 가족여행을 가기로 마음먹었다. 깜짝 이벤트처럼 많은 것을 준비해서 짠 하고 감동을 안겨야겠다는 상상을 하니 웃음이 절로 나왔다. 나는 곧바로 여행을 준비했다. 아기를 태우고 가야 하기 때문에 가까운 밀양 쪽으로 장소를 정한 후 폭풍검색을 시작했다. '밀양 맛집', '밀양 갈 만한 곳' 등의 검색어를 입력하며 여행 계획을 세웠다. 숙소도 찾았다. 역시 폭풍검색을 통해 평이 좋다는 펜션을 찾았다. 그러고는 펜션에 묻지도 않고 따지지도 않고 바로 예약해서 숙박비를 입금했다. 그렇게 여행 준비를 마친 나는 퇴근을 하고 의기양양하게 집에 돌아왔다.

"여보, 이번 주에 밀양에 놀러갈까? 펜션에 예약 잡아놓고 돈까지 다 입금했다. 당신 일 년 동안 수고했는데 가서 재미있게 놀다 오자. 어때 좋은 생각이제?"

나는 아내가 눈물까지는 아니더라도 엄청난 감동을 할 줄 알았다. 하지만 나만의 순진한 착각이었다. 아내의 반응은 예상 밖이었다.

"거기 가보지도 않았는데 괜찮겠나? 돈까지 입금했다고? 얼만데?"

"어? 20만 원."

"미쳤네, 미쳤어. 20만 원이 옆집 개 이름도 아니고, 선뜻 입금했다고? 내가 못 산다 진짜. 그런 거 하려면 앞으로 나한테 물어보고 해라. 알겠제? 제발 사고 좀 치지 마라."

나는 폭풍감동을 안겨주고 싶어 깜짝 이벤트를 벌였건만! 순간 멍하고 화도 났지만, 펜션에 가보면 폭풍감동하겠지 싶어 참았다.

드디어 여행 당일, 시온이와 아내와 세상에서 가장 행복한 여행을 위해 평소 잘 안 부는 휘파람까지 불어가며 운전대를 잡았다. 아내도 막상 여행길에 오르니 좋아했다. 얼굴이 밝아진 아내를 보면서 이것이 행복이구나 싶었다. 우리 가족은 맛집에서 맛난 음식을 먹고, 참샘 허브나라에서 예쁜 꽃들과 풍경을 구경하며 힐링을 했다. 영남루에서 시원한 바람을 맞으면서 강을 바라보는 여유도 즐겼다. 참다운 행복을 맛보는 기분이었다.

하지만 아기와 같이 여행을 하다 보면 몸이 쉽게 지치고 피로해지기 마련이다. 아내와 내가 번갈아 가면서 아기띠를 매고 다녔지만 아내는 피로를 이기지 못했다. 결국 여행을 중지하고 예약해둔 펜션으로 직행했다. 그런데 도착하자마자 불안감이 엄습했다. 사진과 달라도 너무 다른 펜션의 외관 탓이었다. 숙소 안으로 들어가니 불안감이 현실이 됐다. 이건 사기라는 생각이 들 정도로 엉망이었다.

"앞으로는 무조건 여행갈 때 나한테 상의해라. 알겠제?"

화를 내는 아내에게 뭐라 대꾸할 수가 없었다. 피곤해서 일단 쉬었다. 그런데 청소 상태도 불량했는지 밤에 잠을 자려고 할 즈음 잔기침이 나고 눈이 충혈되었다. 시온이도 불편했는지 보채기 시작했다. 결국 도저히 안 되겠다 싶어 펜션에서 나와 버렸다.

나의 즉흥적인 행동으로 가족들이 피해를 본 것 같아서 미안했다. 의도는 좋았지만 의도치 않게 피해를 주다니! 나는 앞으로 여행은 무조건 아내와 상의를 해서 아내 의견에 따라야겠다고 남몰래 다짐했다. 아니, 사실은 이렇게 다짐했다.

'여행뿐만 아니라 많은 일들을 아내와 의논하리라. 아내의 말을 잘 따르리라.'

백년해로하는 부부들은 보통 가정에서는 남편이 아내의 말을 잘 따라주고, 바깥에서는 아내가 남편의 말을 잘 따라준다고 한다. 서로 존중하는 것이다.

아내의 말을 잘 들으면 가정에 평화가 온다. 그러나 많은 남편들이 아내의 말을 한 귀로 듣고 한 귀로 흘려버리는 행동을 보인다. 아내의 말을 잔소리로만 여기며 괴로워한다. 남편에게 사랑이 있고 관심이 있어 하는 말인데 못 견뎌한다. 사랑의 반대말은 미움이 아니라 무관심이라고 한다. 진정으로, 진심으로 남편을 걱정해주는 사람은 어머니와 아내뿐이다.

'진료는 의사에게, 약은 약사에게'라는 캐치프레이즈가 있다. 맞는 말이다. 아프면 병원을 가야 하고 약은 약사를 통해 지어 먹어야 한다. 나는 이 캐치프레이즈에 조금 더 생각을 보태어 '진료는 의사에게, 약은 약사에게, 육아는 엄마에게' 라고 주장하고 싶다. 육아를 엄마에게 맡기자는 말이 아니라 육아에 대해서는 최고 전문가인 엄마의 뜻에 따르자는 말이다. 육아의 최고 전문가는 의사도, 약사도 아닌 바로 엄마이다. 남편들은 정말 육아만큼은 아내의 말을 들어야 한다. 아내의 말을 잘 들으면 자다가도 떡이 생길지 모른다.

"남자는 세 여자의 말을 잘 들어야 한다"라는 우스갯소리가 있다. 세 여자란 엄마, 아내, 그리고 내비녀이다. 내비녀란 내비게이션에서 길 안내를 하는 '목소리 여자'다. 진짜 공감되는 유머이다. 이런 유머를 누가 만들었는지 참 대단하다.

남편님들이여, 쓸데없는 고집 부리지 말고 아내의 말을 잘 듣자. 존중해주자. 무시당한다고 생각하지 말자. 그러면 기분만 나쁘다. 진심으로 남편이 잘되기를 바라는 마음에 아내는 오늘도 사랑의 잔소리를 한다. 좀 심한 잔소리라고 할지라도 태평양 같은 넓은 가슴을 가진 남편들이 이해를 하자.

원수와 원수지간

　그 옛날 허참 MC가 진행했던 〈가족오락관〉이라는 프로그램이 있었다. 〈가족오락관〉의 백미는 스피드 퀴즈였다. 문제를 내는 사람이 제시된 단어에 대해 설명을 하면, 파트너가 제한된 시간 안에 재빨리 문제를 푸는 것이 스피드 퀴즈의 방식이다.

　어느 마을, 어르신들을 대상으로 스피드 퀴즈 대회가 열렸다. 80세 동갑내기 할아버지 할머니 부부가 나오게 되었다. 문제를 내는 사람은 할아버지, 푸는 사람은 할머니였다.

　제시어는 '천생연분'이라는 단어. 할아버지가 할머니에게 설명을 하기 시작했다.

　"할매, 잘 들어래이. 하늘이 내려준 인연 즉 우리같이 평생 행복하게 잘 살았던 부부를 뭐라고 하노?"

　할머니는 곰곰이 생각을 하다가 이렇게 대답했다.

　"웬수!"

　할아버지가 몹시 당황했다.

　'할매는 내가 웬수처럼 보였나? 와 그라지?'

할아버지가 다시 설명했다.

"아니. 네 글자다. 우리같이 평생 동안 사이좋게 잘 살았던 부부를 뭐라 하는 거고?"

또 생각에 잠겼던 할머니가 하는 말이 걸작이었다.

"아, 알겠다. 웬수지간!"

구경을 하던 사람들이 박장대소를 하면서 뒤집어졌다. 할아버지가 할머니에게 얼마나 못되게 했으면 저런 표현을 할까?

과거에는 많은 여자들이 여자라는 이유로 차별대우를 받았다. 부부 사이에서도 크게 다르지 않았다. 남편은 하늘 아내는 땅이라는 희한하고 천박한 사고 아래 남편은 당연시 되는 것이 많았다. 바람, 도박, 음주가무, 외박 등 온갖 나쁜 짓을 해도 눈감아주는 시대였다. 남자니까, 밖에서 일하다 보니까 등의 이유로 그냥 넘어가는 일이 많았다. 이로 인한 고부 갈등, 부부 갈등이 심했다. 요즘 세상에는 어림도 없는 일이다.

스피드 퀴즈 대회에 나온 할머니는 평생 응어리가 져 있었나 보다. 할아버지의 행동이나 태도가 원수처럼 느껴졌었나 보다. 그래서 "웬수"라고, "웬수지간"이라고 대답했으리라. 할아버지와 할머니 사이에는 부부간의 배려는 전혀 없었던 모양이다. 할아버지에게 할머니는 오로지 아이를 낳아주고 길러주는 사람, 그 이상도 그 이하도 아니었던 것 같다.

2016년 12월로 기억한다. 우리 시온이가 태어나기 전 출산 준비용품 및 여러 가지 아기 물품을 마련하려고 쇼핑을 갔다. 우리 부부는 부지런히 쇼핑을 하며 겨울내복, 속싸개, 기저귀, 방수포, 로션 등을 샀다. 제일 마지막으로 살 물품은 몇 년간 우리 아이의 이동수단이 되어줄 유모차였다. 아주 중요한 것이기에 마지막 순서로 미뤄둔 것이다. 이것저것 살펴보았지만 쉽게 결정할 수가 없었다. 가격이 저렴하고 적당한 것보단 조금 비싸지만 좋은 걸로 사주고 싶었다. 그것이 부모 마음 아니겠는가? 그런데 아내는 그냥 인터넷에서 중고용품을 사자고 내게 건의했다. 나는 절대 그 건의를 받아들일 수 없었다. 첫 아이에게 중고용품을 사주고 싶지 않았다. 또한 인터넷의 상품은 직접 보고 사는 것이 아니기 때문에 믿을 것이 못 된다고 생각했다. 과거 인터넷 거래로 사기를 당한 트라우마도 있어서 더더욱 아내의 건의를 수용하기 어려웠다. 아내와 의견충돌이 생겼다. 우리는 그 충돌을 수습하지 못하고 집으로 돌아왔다.

얼마 후 나는 사고를 쳤다. 아내 몰래 가격이 나가는 유모차를 구입한 것이다. 아기용품을 파는 곳에서 구매하니 택배로 부쳐주었다. 드디어 택배가 도착했다. 아내는 택배를 보자마자 이게 무엇이냐고 물었다. 어차피 숨길 수도 없는 것이기에 나는 순순히 실토했다. 아내는 불같이 화를 냈다.

"왜 내 말을 안 듣나? 나 무시해?"

참으로 화가 뻗치는 일이었다. 부모로서 자식에게 좋은 물건 사주고 싶다는데, 그것이 그렇게 잘못인가? 나는 너무 화가 나서 이렇게 대꾸했다. 지금 생각해보면 희대의 망언이었다.

"내가 월급 받아서 내 돈으로 유모차 샀는데, 뭐가 잘못이가? 당신은 돈도 못 벌면서 왜 간섭이고?"

아내는 울려고 하는 표정이 되었다. 나의 망언으로 인해 상처를 받은 듯했다. 아무리 화가 나도 할 말이 있고 안 할 말이 있는데 왜 그런 망언을 했을까? 후회막급이었다. 끝내 아내는 눈물을 보였다. 내 마음대로 유모차를 산 행동도, 망언도 맘에 걸렸다. 나는 미안하다고 바로 사과를 한 후 아내를 꼭 안아주었다.

부부는 일심동체一心同體라고 한다. 두 사람이 한 마음, 한 몸이라는 뜻이다. 그러므로 아무리 힘들고 어려운 일이 있더라도 힘을 합쳐 헤쳐나가야 한다. 하지만 결혼생활을 하다보면 의견충돌이 많이 일어난다. 신혼부부도 만혼부부도 예외가 아니다. 세상에 단 한 번이라도 다투지 않은 부부가 어디 있으랴? 전혀 안 싸우는 부부가 있다면 나는 그 부부에게 노벨평화상 못지않은 상을 수여해야 한다고 생각한다. 나도 그랬고, 수많은 부부들이 다양한 이유로 다투게 된다. 다만 정도의 차이일 뿐이다. 오랜 세월 부부가 함께 모진 풍파를 겪으면서 서로를 더욱 이해하게 되고, 그러다 보니 진정으로 사랑하게 되는 것이 아닐까?

아무래도 육아를 하다 보면 의견 대립이 자주 생긴다. 남편이 주양육자인 아내의 말을 들으면 대립은 훨씬 줄어들 것이다. 남편들 중에는 어쭙잖은 지식과 주위들은 이야기로 육아에 참견하려는 사람이 있다. 이런 남편들은 자신의 아기와 다른 집 아기를 비교하거나 아내의 육아 방식을 지적하기도 한다. 주 양육자인 아내가 제일 잘 알 텐데 말이다.

그냥 아내의 의견과 경험을 존중하며 육아를 도와주는 것이 가장 좋은 방법이다. 아내의 육아 방식에 의문이 생기거나 이견이 생기면 의논하면 된다. 지적하거나 반대부터 하지 말고 차근차근 의논하는 것이 현명하다. 나처럼 독단적으로 유모차를 사는 일도 삼가자. 유모차 사건은 의논을 통해 더불어 육아를 해야 한다는 교훈을 주는 부끄러운 사례다.

5월 21일은 '부부의 날'이다. 왜 5월 21일이 부부의 날인지 알고 있는가? 가정의 달인 5월에 '둘(2)이 하나(1)'가 되라는 뜻에서 그날로 정했다고 한다. 부부는 하나이다. 서로의 속살까지도 보여주는 사이인데 어찌 둘이겠는가. 자식들도 다 큰 성인이 되면 서로의 속살을 보는 것이 민망하다. 그렇기에 배우자는 더욱더 소중한 존재이다.

부부는 항상 마주보는 거울과 같은 존재라고 생각한다. 남편이 웃으면 아내가 웃고, 아내가 웃으면 남편이 웃는다. 남편이 찡그리면 아내가 찡그리고, 아내가 찡그리면 남편이 찡그린다. 그래서 거울이다. 그래서 항상 웃어야 한다. 항상 좋은 모습, 예쁜 모습만 보여주어야 한다. 물론 사람인지라 좋은 모습, 예쁜 모습만 보여줄 수는 없지만 최대한 노력하기를 바란다. 그러한 노력의 과정에서 부부의 의미가 더 와 닿을 것이다. 남편과 아내는 함께 가는 인생의 동반자이다.

가수 태진아의 〈동반자〉라는 노래가 요즘 계속 마음속을 맴돈다.

가사 중에 당신이 "내 생애 최고의 선물"이라는 대목이 있다. 공감한다. 인생의 희노애락을 함께 나누는 나의 아내, 나의 남편에게 매일매일 고마움과 사랑을 표현해보자. 행복은 저 멀리 있는 것이 아니다. 파랑새는 결코 멀리 있지 않다. 다시 한 번 강조하지만 독단적 생각, 독단적 결정은 금물이다. 함께 생각하고, 함께 결정해서 행복한 가정을 만들어 보자.

가족이 중하지
뭣이 중헌디

여러분은 가족이라는 단어에서 어떤 생각을 떠올리는가? 나는 따뜻함, 배려, 화합, 사랑, 이해, 추억 등 긍정적인 의미들이 떠오른다.

사람들은 위험에 노출되면 가장 먼저 가족을 떠올린다고 한다. 가족은 곧 사랑이라고 믿기 때문이다. 2014년 4월 16일 진도의 앞바다에서 큰 사고가 일어났다. 전 세계적으로 이슈가 된 세월호 참사이다. 여객선 세월호가 침몰하면서 수학여행을 가던 단원고 학생들을 비롯한 수많은 승객들이 생명을 잃었다.

침몰의 순간 희생자들은 가족에게 문자나 카톡을 보냈다. 그 안타까운 메시지들에 담긴 말은 사랑이었다. 희생자들은 가족에게 애타게 '사랑해'라는 메시지를 남겼다.

가족은 우리에게 어떤 의미로 다가오는 것일까? MBC 문화방송에서 1992년 10월부터 1993년 5월까지 방영한 〈아들과 딸〉이라는 드라마가 있었다. 최수종, 김희애 연기자가 주인공으로 나온 주말연속극으로, 아마 많은 분들이 기억할 것이다. 남아선호 사상이 뿌리 깊

아이와 어머님.

부모님의 사랑으로 충분했다. 부모님의 살가운 사랑을 먹으며, 때로는 부대끼고 살며 가족의 소중함을 느낄 수 있었다. 가정이 주는 행복을 맛볼 수 있었다.

은 집안에서 태어난 이란성 쌍둥이인 귀남(최수종)과 후남(김희애). 드라마는 이 아들과 딸이 사회의 가치관과 대립하면서 겪게 되는 갈등을 다뤘다. 여자라는 이유로 부당한 대우를 받는 여성은 물론, 남자다울 것을 끊임없이 강요받는 남성 또한 시대의 피해자라는 사실을 담담하게 그려냈다. 드라마는 드라마일 뿐이라고 생각할 수도 있지만, 나는 지극히 현실적인 드라마였던 것으로 기억한다.

실제로 그 시절엔 아들의 공부 뒷바라지를 위해 딸은 공장으로 가거나 학업을 포기하는 일이 흔했다. 대신 장남은 동생들을 위해 생계와 가계(家系)라는 무거운 짐을 졌다. 양쪽 다 희생한 것이다. 부모님의 헌신적인 희생은 말할 것도 없다. 이렇게 모두 힘이 들었지만 견딜 수 있었던 것은 좁은 방, 한 이불 속에서 함께 부대껴 살았기 때문이 아닐까? 그 좁은 속에서 가족을 위한 배려, 사랑, 그리고 희망이 피어났던 것은 아닐까?

우리 부모님과 나의 관계만 봐도 그렇다. 부모님은 없는 살림에서 보란 듯이 잘살아 보기 위해 죽어라고 일만 하셨다. 어렸을 때 학교에 갔다 오면 나 혼자 덩그러니 집을 지켜야 했다. 휑하니 쓸쓸했다. 요즘 어린이들은 핸드폰에, 텔레비전에, 컴퓨터에 놀 거리가 가득하다 보니 혼자서도 충분히 잘 놀 수 있다. 또한 방과 후에 학원을 가는 친구들도 많다 보니, 학원에 가면 친구들을 만나 외로움을 달랠 수 있다. 하지만 나는 핸드폰이나 컴퓨터가 없는 시절에 살았고, 학원에도 다니지 못했다. 대낮에는 텔레비전 방송도 안 하던 시절이었다. 지금 생각해보면 외로움과 쓸쓸함을 어떻게 견뎠을까 스스로가

행복한 가정 별기 없다

대견하게 느껴진다.

하루는 학교에 다녀와서 피곤했는지 낮잠을 잤다. 그런데 배탈이 났는지 배가 싸르륵 아파왔다. 화장실에서 변을 보고 나서도 일정한 간격으로 또 화장실에 가게 되었다. 몇 번 그러고 나니 힘이 없었다. 결국 집에서 10분 정도 떨어진 엄마의 일터로 겨우겨우 찾아갔다. 그곳에서 어떤 아저씨와 마주쳤다.

"꼬마야, 왜 왔니?"

"엄마 좀 찾아 주세요. 배가 아파서 그래요."

"그래 알았다. 이름이 뭐니?"

"하태욱이요."

나는 이름을 말하면서 울먹였다. 아저씨가 큰 소리로 엄마를 찾았다.

"여기 하태욱이라는 아이의 엄마 있어요? 애가 배가 아프대요."

어머니가 부리나케 달려왔다. 어머니는 조퇴를 하고, 나를 이끌고 병원에 갔다. 진단 결과 장염이었다. 의사는 아마도 학교 앞 문구점에서 파는 불량식품을 먹어서 그런 것 같다고 말했다. 수액을 맞고 몇 시간 후 병원을 빠져나왔다.

"아이고, 다행이데이. 큰 병이었으면 우짤 뻔했노? 내가 옆에 있어서 니를 챙겨주고 같이 있어주면 좋을 텐데, 미안타."

어머니는 울먹이면서 자책하셨다. 그저 조금 더 잘살기 위해 어쩔 수 없이 일을 하는데 이런 상황이 발생하니 맘이 몹시 아팠을 것이다.

힘든 노동일을 마치고 집으로 돌아온 아버지는 어머니께 일을 당장 그만두라며 호통을 쳤다. 어머니는 그러면 수익이 반 토막이 나서 안 된다면 바락바락 우기셨다. 하지만 아버지의 고집을 꺾을 수는 없었다. 결국 어머니는 일을 그만두고, 아버지 홀로 가장의 역할을 했다. 수입은 반 토막이 났지만, 나는 너무 행복했다. 학교를 마치고 돌아오면 어머니가 해주는 간식을 먹을 수 있었다. 함께 놀아줄 수 있는 어머니가 있었다. 그것이 어린 마음에는 커다란 행복이었다.

비록 부유하게 살지는 못했지만 부모님의 사랑으로 마음만은 부유했다. 외동으로 태어나 형제간의 우애는 느끼지 못했지만, 그래서 때로는 형, 누나, 동생이 있는 집이 부럽기도 했지만 부모님의 사랑으로 충분했다. 부모님의 살가운 사랑을 먹으며, 때로는 부대끼고 살며 가족의 소중함을 느낄 수 있었다. 가정이 주는 행복을 맛볼 수 있었다.

우리는 추억으로 인해 살아갈 힘을 얻기도 한다. 이 글을 보는 엄마 아빠들이 아이들과의 추억을 많이 쌓았으면 좋겠다. 어렸을 때 부모가 많이 놀아주고 함께 해주면 아이들의 머릿속에 좋은 추억으로 남는다. 살기 바쁘더라도 소소한 추억이라도 부지런히 쌓았으면 하는 바람이다.

나보다 일찍 결혼한 친구들의 이야기를 들어보았다. 먹고살기에 급급해서 아이와 함께했던 시간이 별로 없었다고 한다. 세월이 흘러 아이들이 사춘기에 들어서니, 이제는 함께하는 것 자체가 어색하단다. 아이들은 아빠보다는 친구를 찾으며, 다만 용돈이 필요할 때만 아빠를 찾는다. 그래서 너무 아쉽단다.

친구들의 말을 듣고 나니 돈도 좋지만 여유를 누려가면서 시온이와 아내와 좋은 추억을 쌓으면서 살아야겠다는 생각이 들었다. 그래서 주말이 되면 선약이 없는 한 무조건 우리 가족은 집을 탈출한다. 지금 이 시기는 두 번 다시 오지 않기에 열심히 추억을 쌓으려는 것이다. 탈출하기 전에는 항상 핸드폰 충전 상태부터 확인한다. 핸드폰으로 시온이의 예쁜 모습, 사랑스러운 모습을 찍어야 하기 때문이다. 내가 사진을 찍을 때 시온이의 눈에서는 하트가 뿅뿅 빛난다. 나의 영원한 반쪽인 아내의 모습 또한 담아두고 싶어서다. 훗날 우리 부부는 검은머리가 파뿌리가 되었을 때 사진을 보면서 추억에 잠길 것이다. 미소를 띠면서 회상을 할 것이다. 시온이가 어렸을 때 너무 행복했노라고. 키우는 데 힘들었지만 보람이 있었다고.

나는 개인적으로 바람이 있다. 몸이 아프고 허약할 때 시온이가 이런 이야기를 해주었으면 한다. 나의 손을 꼭 잡아주면서 이야기해주면 더욱 좋겠다.

"아버지랑 함께했던 어린 시절이 정말 즐거웠어요. 아버지의 사랑이 너무 좋았어요. 그 추억의 내 삶의 자양분이 되었어요. 너무 감사하고 너무 사랑해요. 건강하세요, 아버지."

이 말에 나는 너무 행복할 것 같다. 죽어도 여한이 없을 것 같다.

아이가 아이인 시기는 정말 소중한 시기이다. 시간은 흘러간다. 무한정 허락되는 것이 아니다.

영화 〈곡성〉의 유명한 명대사가 있다.

"뭣이 중헌디?"

깊이 생각해볼 대사다. 가족이 있다면.

아빠의 능력은
무한대

YO~ 너무 앞만 보며 살아오셨네.

어느새 자식들 머리 커서 말도 안 듣네.

한평생 처자식 밥그릇에 청춘 걸고

새끼들 사진보며 한 푼이라도 더 벌고

눈물 먹고 목숨 걸고 힘들어도 털고

일어나 이러다 쓰러지면 어쩌나

아빠는 슈퍼맨이야 애들아 걱정 마

(……)

내 품에서 뒹굴 거리는 새끼들의 장난 때문에 나는 산다.

힘들어도 간다. 여보, 애들아 아빠 출근한다.

아버지 이제야 깨달아요. 어찌 그렇게 사셨나요.

더 이상 쓸쓸해하지 마요 이제 나와 같이 가요

유투브의 강남스타일로 전 세계적인 스타가 된 싸이의 〈아버지〉라
는 곡이다. 이곡을 쓰게 된 비하인드 스토리가 있다. 어느 날 싸이가

행복한 가정 별거 없다

행사 때문에 빗길을 뚫으며 행사장으로 달려가고 있었다. 갑자기 타이어에 펑크가 나서 차를 갓길에 대고, 공연이 있어 빨리 차를 고쳐야 하는 상황이었다. 싸이는 메이크업을 하고 있는 상황이라 밖을 나갈 수 없는 상황이었다. 이러지도 저러지도 못하는 상황 속에서 갑자기 든 생각이 우리 아버지들도 이렇게 어쩌지 못하는 상황이었다고 생각해 작사한 곡이 싸이의 아버지라고 한다.

2005년에 나온 이 노래를 접하게 되면서 아버지 생각이 절로 났다. 험한 세상을 살아가면서 얼마나 힘든 일이 많았을까? 자식들 앞에서 슈퍼맨이 되기 위해 얼마나 참아오셨을지?

나는 어렸을 때는 아버지가 강한 줄만 알았다. 초등학교를 졸업하시고 혈혈단신으로 부산으로 올라오셨다. 배운 것이 없다보니 막노동 일을 하게 되셨다. 왜소한 몸매에 전라도 사람이라는 이유로 경상도에서 차별대우를 받으면서 일을 하려니 어려운 점이 많았다. 공사를 마치고 난 이후 임금을 받아야 하는데 업자들이 떼먹고 도망간 적도 있었고, 임금을 제때 받지 못해 늦게 지급된 적도 있었다. 아버지는 이로 인해 많은 좌절을 하고 분노를 했다. 임금을 받아야지만 가족들을 먹여 살리는데 그러지 못하니 얼마나 화가 났을까? 그리고 막노동일 자체가 일 년 내내 있는 것이 아니다. 더운 여름철, 추운 겨울철에는 일을 하고 싶어도 하지 못하고 몸이 아프면 당연히 일을 쉬어야 한다. 그러다 보니 꾸준하게 일을 하시지는 못했지만 아버지는 가장으로써의 역할을 다하기 위해 갖은 노력을 다하셨다.   힘든 일을 마치고 집으로 돌아오시면 식사를 하시면서 약주를 같이 곁들어서 드시곤 했다. 평소에는 과묵하시지만 약주를 드실 때에만 나에게 으레 하는 말이 있었다.

"욱아 니는 꼭 공부 열심히 해라. 공부 열심히 해서 대학가서 졸업 후에 좋은데 취업을 해서 아빠처럼 힘들게 살지 말거래이."

이러면서 가끔은 눈물을 흘리셨다. 강한 줄만 알았던 아버지의 이런 모습이 이해가 되지 않았다. 하지만 사회생활 속에서 힘든 속내의 표현인 것을 지금은 이해가 된다.

약주를 드실 때마다 매번 반복되는 소리를 하니 처음 몇 번은 알겠다고 대답을 했다. 하지만 반복적인 부탁에 영혼 없는 대답을 했다. 배운 것이 없어 사회생활을 하면서 무시를 당한 적도 많다 보니 나에게 대리만족을 느끼시려고 하는 것 같았다. 약주를 드시고 주무시고 난 다음날 아침 아무 일 없었다는 듯이 일찍 집을 나서서 일을 하러 가시는 모습이 아직도 눈에 선하다. 지금 와서야 생각해보니 아버지께서 얼마나 힘이 들었으면 그랬을까 생각하니 가슴 한편이 아려온다.

평소 부자간에 대화가 없다가도 용돈이 필요할 때만 "아버지 용돈 주세요."라고 말을 하면 본인은 제대로 누리지 못하면서 내가 필요한 용돈보다 두 배 이상 더 주시던 아버지셨다. 어렸을 때 나는 그것이 당연한 줄 알았다. 당연하다 보니 감사함이 사라졌다.

군대에서 휴가 나와서 집에 와서 보니 아버지가 더 많이 왜소해진 듯했다. 군에 가기 전에는 아버지에 대한 정이 별로 없었다. 군대에 있다 보니 가족의 소중함을 깨닫게 되었고 휴가를 나와 아버지의 왜소해진 모습에 아버지와 목욕을 가고 싶었다. 등을 밀어 드리고 싶었다.

"아버지 요즘 안 힘드세요?"

내색은 안하시지만 무척 힘들어 보였다. 직감적으로 느낄 수 있었다. 막노동 생활이 익숙하지만 나이로 인해 이제는 몸이 힘들고 사회생활이 참 힘들다는 것을 말이다. 특히 피 터지는 경쟁 사회에서 살아남기는 쉽지 않은 일이었다. 일을 잘해야지만 또 다른 일거리들이 들어오니 신경 쓰면서 노동일을 하는 것이 반복이 되는 고된 일상이었다. 나 또한 사회생활을 하다 보니 힘든 일들이 곧잘 있었는데 이럴 때마다 아버지의 위대함, 대단함을 느꼈다.

시간이 많이 흐르고 나이가 들어 나 또한 아버지라는 위치에 있다 보니 조금씩 알아 가는 것 같다. 배우고 있는 중이다. 그러나 나는 아직 나의 아버지에 비하면 부족투성이다. 배워야 할 것도 많고, 해야 될 것도 많다.

나는 고등학교 재학 중에 세상에서 내가 제일 힘든 줄 알았다. 입시경쟁체제 속에서 아침 일찍 등교하여 밤늦게 별을 보면 하교하는 것이 너무 힘들었다. 힘이 들었지만 쉴만한 집이 있기 때문에 그나마 위로가 되었다. 하지만 나의 아버지는 경쟁을 하고 무서울 때 도망갈 곳이 있었을까? 그저 약주를 드시면서 시름을 달램으로써 현실을 도

피하고자 한 것이 최선이 방법이 아니었을까 생각한다. 현실을 도피하여 훨훨 날아가고 싶을 것이다.

나는 앞으로 아버지와 같은 강한 슈퍼맨으로서의 삶을 살 수 있을까? 이 시대의 아버지들은 강한 슈퍼맨의 이미지보단 친근한 아버지, 자상한 아버지, 친구 같은 아버지를 원하리라 생각한다.

이 글을 쓰면서 아버지께 왠지 모를 미안함, 감사함이 쓰나미처럼 밀려왔다. 여러분들의 아버지는 어떤 분이셨는가?

'슈퍼맨, 현금자동지급기, 힘 센 사람, 개'이 단어들의 공통점이 있다. 독자 여러분들은 알고 있는가? 바로 초등학생들에게 '아빠란 어떠한 존재인가?'라는 질문에 단어로 대답을 한 것이라고 한다. 슈퍼맨, 현금자동지급기, 힘센 사람까지는 알겠는데 개는 왜 아빠를 나타내는 단어인가 의아해 하실 것이다.

'나의 부탁을 잘 들어주고 나랑 잘 놀아줘서 개 같다'라고 표현을 했다고 하니 순진무구한 초등학생들이 귀엽다는 생각이 든다.

과거에서부터 현시대까지 아버지의 존재, 의미는 늘 바뀜이 없을 것이다. 미래에도 비슷할 것이다. 항상 슈퍼맨같이 능력이 있고, 용돈이 필요하면 바로 지급을 해줄 수 있고 원하는 물건이 있다면 바로 사줄 수 있는 사람이 바로 아빠인 셈이다.

자주는 아니더라도 전화를 드려서 안부를 물어봐야겠다. 건강은 어떠신지? 식사는 잘하고 계시는지? 당연히 괜찮다고 하실 것이고 당신 걱정보단 아들 걱정을 하실 것이다. 그리고 손자 걱정 또한 하실 테고 말이다. 나 또한 내 자식을 걱정하듯이 나도 우리 아버지의 소중한 자식이기 때문에 항상 걱정을 하신다. 바로 이것이 내리사랑인 것이다.

　한편 근거리에 살고 있다고 한다면 정기적으로 방문을 해서 마음을 나눌 수 있으면 좋겠다. 장가를 간 입장으로써 더 이상 품안의 자식은 아니지만 부모와 자식 간의 인연은 보통 인연이 아니기에 얼마나 보고 싶으실까 하는 마음이 생긴다. 마음을 나누지 못하여 돈으로써 해결을 할 수도 있지만 돈보다는 마음이 우선이 아닐까?

　이제는 슈퍼맨 같은 아버지가 아니라 나이가 든 약해진 노인이 된 것이다.

　어렸을 때는 어려서 전혀 몰랐다. 중학교, 고등학교 때는 학교 다닌다고 바빠서 전혀 몰랐다. 철이 없었던 것이다. 대학교 때는 집에 있질 않아서 전혀 몰랐다. 그러고 보니 항상 몰랐다. 아버지가 어떤 존재인지? 우리들의 아버지가 어떤 삶을 살았는지 몰랐다. 그런데 시온이를 낳아보니 이제야 알 것 같다. 늦었지만 지금이라도 아버지랑 같이 가고 싶다. 대한민국의 모든 슈퍼맨이신 아빠들 정말 대단하시다. 위대하시다. 직원으로써, 가장으로써, 남편으로써, 아빠로써 일인다역을 해야 한다. 그렇기 때문에 아빠의 능력은 정말 무한대인 것 같다. 항상 샘솟는 샘물같이 마르지 않는 우물 같은 존재 바로 아빠들이다.

나에게 로또
같은 아내

　자주는 아니지만 가끔 재미삼아 로또를 한다. 금액은 5000원을 넘기지 않는다. 대박나면 당연히 좋겠지만 대박을 바라고 한 것이 아니기에 꽝이 되어도 아쉬운 마음은 전혀 없다.

　그렇지만 대박이 난다는 상상을 하면 그렇게 좋을 수가 없다. 1등에 당첨되면 세상에서 가장 행복한 미소를 짓다가 박장대소를 터뜨릴 것 같다.

　'1억은 고생한 부모님 드려야지. 1억은 이때까지 고생한 아내한테 마음껏 쓰라고 주고, 나머지 돈으로 집도 사고 좋은 차도 사고 해야겠다.'

　상상만으로도 행복하다. 하지만 꿈은 꿈일 뿐 나에게 이런 대박은 없다. 그냥 성실하게 살라는 하늘의 뜻인가 보다.

　로또와 아내의 공통점이 무엇이라고 생각하는가? 내 주변의 친한 형님들은 자기 아내가 본인들에게 있어 로또 같은 존재라고 한다. 처음에 이 말을 들었을 때 속으로 감탄했다.

　'형수님이 내조도 잘하고, 아이도 잘 키우고, 살림도 잘하는 대단

　　　　　　　　　　　　　　행복한 가정 별거 없다

한 분이라서 형님에게 과분한 존재인가 보다.'

그런데 내가 성급했다. 형님들은 로또 번호가 한 개도 안 맞듯이 아내도 자기와 하나도 안 맞아서 로또 같은 존재라고 하는 것이다. 그 말을 듣는 순간 나는 박장대소했다. 근래에 들었던 유머 중 최강의 유머였다. 얼마나 형수님이랑 안 맞으면 그럴까! 형님들은 다음과 같이 유머를 정리했다.

"그래도 세월이 흘러 10년 넘게 살아 보니, 한두 개씩은 맞아 간다. 좀 더 살면 정말 로또에 당첨된 것처럼 좋아지겠지. 이렇게 자위하며 살고 있어."

곰곰 생각해보니 나의 아내 역시 나에게 있어 로또 같은 존재였다. 교회 사모님의 주선으로 아내를 처음 만났을 때 나는 아내의 미모에 반했다. 키가 큰 편인 아내는 나보다도 조금 크다. 큰 키에 얼굴도 예쁜 아내는 따라다니는 남자들도 많았고, 남자들에게도 인기가 많았다고 한다. 이런 아내가 나와 종교가 같다는 이유로 나와 결혼을 했으니, 정말 감사한 일이었다. 나에게는 긍정적인 의미의 로또 당첨이었다.

연애를 하면서 너무 행복했다. 밥을 덜 먹어도 전혀 배고프지 않았고, 함께 놀러 다니느라 잠을 덜 자도 전혀 피곤하지 않았다. 아빠들에게는 연애 시절 이런 경험이 한두 번쯤은 있지 않을까 싶다. 에너자이저 배터리처럼 무한 에너지를 느꼈던 경험.

6개월의 연애를 접고 결혼을 했다. 아내에게 미안한 얘기지만 그

때부터는 형님들의 '로또'와 비슷했다. 사람들은 흔히들 이야기한다. 30년 가까이 다르게 살아왔으니 맞춰가면서 살아야 한다고. 그 과정에서 싸움, 다툼이 일어나는 것은 당연하다고.

여러분은 결혼생활을 하면서 처음부터 죽이 쫙쫙 맞아떨어졌는가? 그런 커플은 드물 것이다. 나는 외동아들로 태어났고, 아내는 막내딸로 태어났다. 귀하게 자란 아들, 예쁨 받으면서 자란 딸, 왠지 부자연스러워 보이지 않는가? 정말 그랬다. 너무 부자연스럽고 안 맞았다. 성격, 가치관, 관심사 등 여러 가지가 달랐다.

나는 남자라서 그럴 수도 있겠지만 털털한 편이다. 자잘하게 생각하지 않으며, 일단 저지르고 '후수습' 하는 스타일이다. 귀도 얇은 편이라 사람들 말에 잘 흔들린다. 누가 무엇이 좋고 괜찮다고 하면, 할부를 끊어서라도 구매한다. 매사 신중하고 조심스러운 아내는 쓸모없는 물건을 충동구매했다면서 나에게 난리를 친다.

나는 진지함, 조용함보다는 웃기는 것, 재미있는 것을 추구한다. 남들에게 무엇인가 이야기하는 것도 좋아한다. 아내는 나랑 정반대이다. 진지하고, 조용하고, 차분하다. 어찌 이렇게 하나도 안 맞는지! 하늘이 나와 아내를 인연 맺어준 이유가 정말로 궁금하다.

당첨 번호가 안 맞는 로또 같은 우리 부부는 그래도 서로가 기본적인 것에는 충실했다. 아내는 힘들게 일하러 가는 남편을 위해 맛있게 아침밥도 차려주고, 격려도 해주는 착한 아내였다. 남편이 고생해 번 돈 허투루 안 쓰기 위해 노력을 하는 알뜰한 아내였다. 나 또한 아내에게 잘하려고 노력했다. 월급을 받아서 허투루 쓰지 않고 성실하

행복한 가정 멀기 없다

게 살려고 노력했다.

하지만 시온이가 태어나고 나서 아내는 변했다. 삶의 구심점이 나보다는 시온이에게로 맞춰졌다. 지금 생각해보면 당연한 것인데, 그때의 나는 섭섭해 했다. 출근 전 혼자서 아침밥을 차려서 먹고 가려니 서글퍼진 적도 있었다. 내가 아내에 대해서 욕심이 많은 것인지 스스로에게 물어보기도 했다. 참으로 쪼잔한 남편이었다. 지금의 나는 아내에게 감사할 따름이다. 아들 시온이를 위해서라면 무엇이든지 해주려고 노력을 하는 아내의 모습에 나는 감동을 느낀다.

한 이불 덮고 잔 세월이 어언 8년 정도 흘렀다. 서로의 환경, 가치관, 성격, 관심사 등이 조금씩 비슷해지면서 설렘까지는 아니지만 로또의 당첨 번호처럼 맞아 가고 있다.

여러분도 지금의 남편, 지금의 아내와 처음 만났을 때처럼 좋은 관계를 유지하고 싶지 않은가? 로또처럼 정말로 대박 나고 싶지 않은가? 방법이 있어 공유하고자 한다.

첫 번째로 말을 예쁘게 하는 아내, 남편이 되어야 한다.

"아이고, 인간아. 네가 하는 일이 다 그렇지. 하려면 제대로 좀 해라."

기분이 확 상하는 말이다. 이 말을 다음과 같이 다듬어 보면 어떨까?

"사람인데 일하다 보면 그럴 수도 있지. 괜찮아. 너무 신경 쓰지 마. 더 노력하면 다음엔 더 잘할 수 있을 거야."

부부 사이에 비난하는 말, 정죄하는 말보다는 자존감을 세워주는 말을 하면 좋겠다. 악마의 언어보다는 천사의 언어로써 대화를 하자.

두 번째로, 지극히 상투적인 이야기지만, 서로 배려하고 이해하며, 아껴줘야 한다.

결혼식 때 주례자가 이런 멘트를 종종 한다.

"검은 머리 파뿌리가 되도록 배려하고, 이해하고, 사랑하며 살아가세요."

나이가 들면 들수록 의지할 사람은 배우자뿐이다. 부부는 무촌이다. 너무 가까워서 촌수가 없다고 한다. 서로 배려하고 이해하면 반드시 사랑이 우물처럼 샘솟을 것이다.

작년 부부의 날(5월 21일)을 기점으로 다혈질인 아내가 달라졌다. 말을 예쁘게 하려고 노력한다. 나 또한 말로써 아내를 정죄하는 일이 덜해졌다. 서로 배려하기 시작하니 부부 싸움이 확 줄게 되었다. 자연스레 더욱 배려하게 되었다. 덕분에 요즘은 살맛이 난다. 신혼 초에 비하면 엄청 좋다.

신혼 때부터 죽이 척척 맞아서 이때까지 싸움 없이 잘 살고 있는 부부가 있다면 그들은 진정 로또에 당첨된 자들이다. 가슴 아프게도 현실에는 이런 부부가 거의 없다. 그러한 현실 속에서 나는 당당히 로또 당첨을 꿈꾸고 있다. 아내와 함께 대박이 나기를 학수고대하고 있다. 여러분에게도 행운을 빈다. 부디 로또에 당첨되어 부부가 함께 인생 역전에 성공하기를!

아내가 변했다

아내의 미혼 시절 사진을 보면 감탄스럽다. 아내는 멋을 낼 줄 알고, 화장도 잘하며, 옷도 잘 입는 아름다운 여자였다. 많은 남자들에게 대시도 받았었다고 아내가 이실직고 할 정도로 미모가 뛰어났다. 이 예쁜 아내가 시온이가 태어나고 나자 변했다.

어느 날 육아로 인해 수고하는 아내의 생일선물로 예쁜 옷을 사주려고 시온이와 함께 백화점에 갔었다. 나와 아내는 눈이 휙휙 돌아갈 수밖에 없었다. 다양하고 예쁜 옷들이 너무 많아서 정신을 차릴 수 없었다. 한 여성의류 매장 앞에서 유모차를 밀던 아내의 걸음이 느려졌다. 가만 보니, 쇼윈도의 마네킹이 입은 예쁜 원피스를 넋을 놓고 보고 있는 것이었다. 나는 아내에게 넌지시 물었다.

"여보, 저거 사줄까? 맘에 드나?"

"예쁘긴 한데, 나 못 입을 거 같은데?"

"왜? 비쌀 것 같아서 그라나? 괜찮다. 사줄게. 이때까지 시온이 키운다고 고생 많이 했잖아."

"아니, 저런 원피스 입으면 시온이 볼 때 불편할 것 같아서 그렇다. 그냥 난 운동복이나 청바지가 더 편하다."

그 순간 맘이 너무 찡했다. 감동 그 자체였다. 본인보다 시온이를 생각하는 모성애가 무척 아름다웠다. 너무 미안하고 감사했다.

"여보, 고맙다. 내가 시온이 좀 더 크고 나면 정말 당신 입고 싶은 옷 다 사줄게."

한 여자가 아이의 엄마가 되면 미혼 시절 화려한 전성기를 잃어버리는 것 같다. 많은 것들을 아기 위주로 생각하게 된다. 나의 아내도 예외는 아니었다.

"여보, 시온이 이유식 좀 만들어줘."

"여보, 퇴근하는 길에 시온이 기저귀 좀 사다줘."

직장에서 근무 도중 걸려오는 아내의 전화, 혹은 보내온 문자메시지에는 시온이 이야기가 태반이었다.

문제는 시온이에게 많은 것들이 집중되면서 스트레스가 쌓여갔다는 점이다. 아내의 육아 스트레스는 나에게 독화살이 되어 돌아왔다. 나에게는 그것이 스트레스였다. 육아를 하면서 힘든 것을 이해 못할 바는 아니었지만, 왜 그렇게 혼자 유난을 떠나 싶었다. 아내는 시온이가 자주 아픈 것, 다른 아기들보다 적게 먹는 것에도 짜증을 냈다. 그런 모습을 보는 나도 힘들었다. 피차 힘들어지는 바람에 시온이가 보이지 않는 곳에서 부부 싸움도 많이 했다.

시온이가 태어나기 전 아내는 나에게 지극했다. 일하러 가는 남편 힘내라고 정성스러운 아침식사를 차려주고, 일을 마치고 돌아오면 따뜻한 저녁밥을 "수고했다"라는 말과 함께 내놓았다. 남편이 벌어온 돈을 허투루 쓰지 않기 위해 알뜰하게 살림하고 저축까지 했다.

행복한 가정 별거 없다

정말 똑순이 같고 천사 같은 여자였다.

그런 아내가 변했다. 천사 아내가 악마로 변했다는 것은 아니다. 나를 위해 헌신하던 아내가 '시온이 바라기'로 변한 것이다. 우선 금전 관리가 내게 맡겨졌다. 나로서는 굉장히 귀찮은 일인데, 아내는 시온이에게 온전히 집중하려면 어쩔 수 없다고 했다. 금전 관리에서 벗어난 아내는 더더욱 시온이에게만 초점을 맞췄다. 처음에는 이것이 굉장히 섭섭하기도 했다. 아무리 아기도 좋지만 왠지 찬밥 신세가 된 내가 조금 처량하게 느껴졌다. 아내는 밥을 차려주기는커녕 나와 함께 밥을 먹는 것조차 신경 쓰지 않았다. 물론 내가 밥을 직접 차려먹을 수도 있고, 그것이 어려운 일도 아니었다. 대접받고 싶은 것도 절대로 아니었다. 다만 아내의 달라진 행동이 조금은 섭섭했을 뿐이었다.

'그래, 엄마니까 좋겠지. 자기가 열 달 동안 배 아파서 낳은 자식이니깐 소중하겠지. 그래도 이건 하루아침에 너무 달라졌잖아?'

지금에 와서 돌이켜보면, 이런 생각을 했던 내가 참으로 우습기도 하고 멋쩍기도 하다.

당시 이런 고민을 가지고 있다가 하루는 친하게 지내는 남자 직장 동료에게 고민을 털어놓았다. 그랬더니 그 직장동료가 크게 웃는 것이 아닌가?

"하하하, 하 쌤도 저랑 비슷한 고민을 했었네요. 원래 다 그런 겁니다. 어쩔 수 없어요."

"그게 무슨 말이에요? 어쩔 수 없다뇨?"

"여자들은요, 원래 모성애라는 것이 있다고 하잖아요. 자식에 대한 엄마의 사랑이 있다 보니 그럴 수밖에 없는 거예요. 쌤이 조금만 더 이해하시고 아내분을 더 많이 도와주세요."

'그래서 그랬구나.'

순간 나는 깨달음을 얻었다. 그 후 아내가 이해되기 시작했다.

사실 육아가 얼마나 피곤한지 겪어보지 않은 아빠들은 잘 모를 것이다. 또한 이 세상에 육아가 체질에 맞는 엄마는 없을 것이다. 말 그대로 '엄마라는 이름으로' 하는 것이다. 육아가 쉽고 재미있다면 왜 엄마들이 산후 우울증이나 육아 우울증이 생기겠는가? 엄마들도 시행착오를 겪으며 조금씩 수월해지는 것뿐이다.

아빠들은 직장일에 신경 쓰다 보면 아무래도 아내의 수고를 모르기 마련이다. 하지만 엄마들은 하루 종일 아기와 함께 지낸다. 초점을 아기에게 맞출 수밖에 없다.

혹시 지난날의 나처럼 철없는 남편이 있다면 생각을 바꾸어 보자. 챙김을 받으려고 하지 말고 역으로 아내를 챙겨 보자. 오히려 아내를 더 많이 안아주고 사랑해주자. 따뜻한 말로써 위로해주고, 격려해주자. 그리고 육아의 많은 부분을 함께하려고 노력하고 또 노력하자.

아내는 못난 '나' 하나만 보고 시집을 온, 세상에서 가장 사랑스러운 여자가 아닌가. 그리고 세상에서 가장 소중한 보물인 자녀를 선물해준 주인공이 아닌가.

나의 발목을
잡은 아기

'소확행'이라는 말을 들어본 적이 있을 것이다. 일본의 소설가 무라카미 하루키의 에세이 《랑겔한스 섬의 오후》에서 최초로 쓰인 '소확행'은 《트렌드 코리아 2018》에서 2018년 10대 트렌드 중 하나로 선정되었다. 그만큼 현대인의 삶과 밀접하게 연관된 단어가 되었다. 일상에서 느낄 수 있는, 소소하지만 확실하게 실현 가능한 행복의 줄임말로, 요즘 이런 소확행을 추구하는 경향이 뚜렷하게 나타나고 있다고 한다. 왜 소확행이 대세 트렌드가 되었을까? 돈, 명예, 좋은 직장, 좋은 집과 같이 크지만 실현이 불확실한 것들보다는 작지만 실현이 확실한 것들에서 행복을 얻기가 쉽기 때문은 아닐까?

나의 소확행은 무엇일까 곰곰이 생각해보았다. 나의 소확행은 아내와 시온이가 나란히 자고 있을 때다. 그때 나 홀로 거실에서 시원한 캔맥주를 마실 때 가장 행복하다. 거기에 짭조름한 쥐포를 곁들여 재미나는 개그 프로그램을 보면서 낄낄대는 것이 너무 좋다. 그러다가 잠이 올 때 아내와 아기 옆에서 잠을 자면 행복이 완성된다.

또 하나의 소확행은 강의나 행사 준비를 하면서 사람들에게 어떻게 하면 재미를 줄 수 있을까 고민할 때이다. 대단한 일은 아니지만 맡은 일을 잘 해내려는 스스로의 모습에서 행복을 맛본다.

"늦게 배운 도둑질이 무섭다"라는 속담이 있다. 이십대의 나에게 해당되는 속담이다. 십대의 나는 집, 학교, 학원, 독서실만 왔다갔다 하면서 부모님 말에 순종하는 학생이었다. 하지만 이십대, 즉 대학생이 되자마자 외박이나 술, 이성과의 만남을 즐겼다. 삶에 대한 고민이나 고뇌 따위는 전혀 없었다. 오로지 즐기는 것! 이것이 이십대 초반의 목표였다. 타인에게 피해를 주지 않는 선에서 나는 최대한 즐겼다. 십대 때 그렇게 하고 싶었던 머리 염색도 대학수학능력 시험을 친 바로 다음 날 해버렸다. 일종의 제도권 교육에 대한 무언의 반항이었던 듯하다. 내가 이십대 초반을 즐기는 데 소비한 것은 이러한 반항 심리도 많이 작용한 것 같다.

대학교에 입학하니 그야말로 별천지였다. 시커먼 남자들만 득실대는 곳에서 중고등학교를 다닌 나에게 여학생들이 많은 대학교는 미지의 신세계였다. 고등학교 때 담임선생님이 했던 말이 떠올랐다.

"대학교 가면 예쁜 여자들도 많고 미팅할 기회도 많다. 그러니깐 지금 여자 꼬실 생각하지 말고 열심히 공부해라. 딴 생각하지 말그레이."

"대학교 가면 기타 치고 낭만도 즐길 수 있다. 진짜 갈 만한 곳이다. 그러니깐 무조건 열심히 해라."

행복한 가정 별거 없다

선생님은 이런 말들을 하면서 동기부여를 했다. 선생님의 말은 거짓이 아니었다.

무엇보다 자유분방함이 좋았다. 이때까지 부모님과 선생님의 지도 아래 모범생으로 살던 나는 답답한 온실을 벗어나 자유를 만끽했다. 평소 관심이 많았던 사물놀이를 실컷 할 수 있는 동아리도 행복의 장소였다. 나는 동아리에도 충성을 다하며 자유와 행복을 누렸다. 부모님도 대학생이 되었다며 크게 간섭은 하지 않으셨다. 나의 자유를 막는 사람이 없는 대학교는 천국 그 자체였다.

요즘은 취업난이 심해서 대학생들이 학업에만 열중한다고 한다. 혼밥을 하면서까지 개인적으로 행동하며 단체생활은 물론 미팅과 연애도 등한시한다고 한다. 흙빛 같은 미래를 맞이하지 않기 위해 애쓰는 모습을 이해는 하지만, 안타까운 생각도 든다. 이런 좋은 시절은 두 번 다시 오지 않을 텐데……. 조금은 여유를 가지고 젊음을 즐겨도 좋을 것이다. 실컷 자유를 누려보는 경험도 삶의 자양분이 될 수 있다.

결혼을 해서 한 가정의 가장이 되니, 과거처럼 '즐기며' 생활하는 것은 현실적으로 불가능했다. 자연스럽게 친구들 혹은 술과 멀어지는 생활을 하게 되었다. 직장과 집을 왔다갔다하는, 다람쥐 쳇바퀴 도는 생활이 이어졌다.

미혼 시절처럼 즐기며 살고 싶었다. 그 시절이 너무 그리웠다. 너무 그리운 나머지 꿈도 꿀 정도였다. 하지만 현실은 현실일 뿐이었다. 과거를 그리워한다고 해서 바뀌는 것은 없었다. 가끔 과거의 사진을 보면서 향수를 달랠 수 있어 그나마 다행이었다.

산 넘어 산이라고, 시온이가 태어나자 더욱더 제약이 생겼다. 나의 생활에서 즐거움이 거의 사라졌다고 해도 무방했다. 모든 생활의 초점이 시온이에게로 집중됐다. 시온이가 삶의 구심점이 된 듯했다. 힘들게, 어렵게 낳은 아들인지라 그럴 수밖에 없었다.

"여보, 시온이 울잖아. 배고픈가봐. 분유 좀 타줘."

"여보, 시온이 열 나. 병원 가봐야 하는 거 아닌가? 열 좀 재줘."

아내의 모든 관심은 나에게서 아들인 시온이에게로 옮겨갔다. 정말 당연한 것인데, 섭섭했다. 남편에게만 극진했던 아내는 온데간데없고, 시온이의 일거수일투족에 신경 쓰는 아내만 존재할 뿐이었다.

지금 생각해보면 정말 쪼잔한 남편이었다. 난임을 겪으면서 그렇게 원했던 아기였는데, 섭섭해 하다니 나라는 사람은 참으로 간사한 사람이었다. 화장실 갈 때 마음 다르고 나올 때 마음 다르다더니, 내가 딱 그 짝이었다.

가끔 모임이나 사람들과의 만남 속에서 술자리를 가졌지만 미혼 시절에 비하면 새 발의 피였다. 지면상으로나마 과거의 솔직한 심경을 밝히건대 아빠가 되면 세상을 다 가진 듯 행복하고 즐겁다는데, 나는 오히려 우울했다. 가끔은 눈물이 나오기도 했다.

시온이가 나의 발목을 잡는다는 생각을 많이 했다. 그래도 시온이가 웃어주면 예쁘고 사랑스러움을 느끼곤 했다. 시온이가 한 뼘 한 뼘 성장할 때마다 그 기쁨은 말로 표현할 수 없었다. 개월 수가 늘어갈

행복한 가정 별거 없다

수록 시온이가 할 수 있는 것도 늘어나고, 시온이와 함께할 수 있는 것들도 많아지면서 보람과 뿌듯함을 얻을 수 있었다. 차츰차츰 우울함이 줄어들더니 끝내는 깨끗이 사라졌다. 우울함이 사라지면서 나는 시온이를 더 안아주고 스킨십도 더 과감하게 했다. 시온이는 그것을 마다하지 않았다. 아빠의 뽀뽀에 웃어주는 시온이의 모습에서 행복이 피어났다.

이 땅의 많은 아빠들이 나와 비슷한 생각을 할 것이다. 미혼 때는 책임질 사람도, 책임질 일도 별로 없이 자유로움과 즐거움만 찾으면서 '○○○씨'로 살면 그만이었다. 결혼을 하고 한 여자의 남편, 한 아이의 아빠가 되면서 미혼 때와는 정반대의 삶이 나타난다. 사람에 따라 그 삶을 좋아할 수도 있겠지만, 나처럼 우울할 수도 있을 것이다. 미혼일 때의 삶이 무척 그리울 수도 있을 것이다.

하지만 아빠이므로 마음을 다스려야 한다. 현실에 순응해야 한다. 아내에게서, 아이에게서 보람과 뿌듯함, 행복을 찾을 수 있도록 노력하자. 육아에 열정을 쏟을 수 있는 시절은 다시 오지 않는다. 너무나도 당연한 말이겠지만 결국은 시간이 약이다. 세월의 흐름이 아빠를 단단하게 만든다. 미혼 시절이 많이 그리울 것이다. 백 번이고 천 번이고 이해한다. 하지만 다시 한 번 강조할 수밖에 없다. 시간은 지나간다. 아빠의 마음먹기에 따라 육아의 질이 달라지고 아이의 미래가 달라진다.

가정을 위해 헌신하면서 나와 같은 소확행을 찾아보기를 제안한다. 거창할 필요 없다. 말 그래도 작은 것에서 찾아보자. 책을 좋아한다면 독서로, 운동을 좋아한다면 운동으로 소확행을 만끽해보자. 타인에게 피해가 가지 않고 본인 스스로 만족이 된다면 그 어떤 것도 좋다. 소확행을 추구함으로써 본인의 스트레스도 다스리고, 가정에서 더욱더 멋진 남편, 멋진 아빠가 되었으면 한다.

3장

좌충우돌
아빠 육아

초등학교 음악교과서에도 실린 〈아이들은〉이라는 동요가 있다. 아이들이 있기 때문에 희망이 있다는 내용을 담은 노래다. 밝고 구김살 없이 아이를 잘 기른다는 것은 결코 쉽지 않은 일이다. 아이를 키우면서 일어나는 온갖 일들로 엄마 아빠는 울고 웃는다. 특히 아빠들은 주 양육자가 아니기 때문에 더욱더 다양한 일들을 겪게 되면서 울고 웃을 수도 있다. 그렇지만 〈아이들은〉이란 동요에 담긴 희망을 믿자. 아이들이 있기 때문에 희망이 있고 즐거움이 있다. 아이들로 인해 부모는 성장한다.

육아, 넌 누구냐?

2017년 1월 3일 화요일. 오전 10시 35분. A형 2.76Kg.

세상 어떤 미사여구를 붙여도 부족한 나의 아들 시온이가 태어난 날과 시간, 혈액형, 몸무게이다. 아직도 그 숫자들이 정확하게 기억이 난다.

김해 우리여성병원에서 제왕절개술로 출산을 했다. 기독교인인 우리 부부는 태명을 '작은 자' 또는 '작음'을 뜻하는 바울이라고 지었다. 바울이가 이 세상의 빛을 볼 때 나는 눈에서 뜨거운 눈물을 흘렸다. 난임으로 고생하다 유산까지 한 번 거친 아내에게 두 번째로 찾아온 아들이었다. 얼마나 소중했겠는가?

수술실의 간호사 선생님이 나에게 시온이를 안고 생일 축하 노래를 불러주라고 했다.

"생일 축하합니다. 생일 축하…… 흑흑흑. 선생님, 저 도저히 못 부르겠어요."

감동과 기쁨으로 눈물이 차올랐다. 너무나 목이 메어 노래를 부를 수 없었다.

제왕절개술을 했기 때문에 아내는 5일간 입원을 했다. 그동안 바울이는 플라스틱관 같은 곳에 따로 격리되어 케어를 받았다. 거의 하루 종일 눈을 감고 있는 바울이를 보면서 아내와 나는 행복에 젖었다. 병원을 찾아준 양가 부모님과 친척분들, 지인분들에게 아기가 너무 예쁘다는 말을 들었을 때 하늘을 나는 기분이었다.

입원실에 있으면서 아기에게 어떤 이름을 지어줄까 고민했다. 고민 끝에 성경에 나오는 장소인 시온산을 떠올렸다. '시온'이라는 소리를 빌려 베풀 시施, 따뜻할 온溫 자로 이름을 지으면 좋을 것 같았다. '베풀 줄 아는 따뜻한 사람'이 되라는 우리 부부의 맘을 가득 담은 '시온'. 우리는 하시온이라는 이름으로 출생신고를 했다. 주민등록상에 나, 아내, 하시온 이렇게 등재가 되어 있는 모습에 너무 뿌듯하고 기뻤다.

5일간의 병원 생활을 마치고 조리원에서 2주를 보냈다. 그 2주 동안 아내와 나는 편안함을 만끽했다. 알아서 다 해주니 신경 쓸 것이 없었다. 그런데 걱정이 생겼다.

'조리원을 퇴소하고 나면 어쩌지? 아무것도 모르는데. 인터넷을 찾아보면 나오려나?'

주변의 육아 선배들은 육아가 시작되면 '육아 헬hell'이 될 것이라고, 즉 지옥을 맛보게 될 것이라고 겁을 주었다. 상상 이상으로 육아가 무척 힘이 든다는 것이다. 하지만 나는 초 긍정적인 사람인지라 육아 헬이 아니라 육아 헤븐heaven으로 만들겠노라 다짐을 했다. 그 다짐은 하루도 가지 못했다.

조리원에서 퇴소하기 전날 나는 출근길에 집에 들러 보일러를 가동했다. 3주 가까이 보일러를 작동하지 않아서였는지 집 안이 밀양 얼음골처럼 차가웠다. 보일러를 켜니 괜히 흐뭇했다.

'조리원에서 돌아오면 따뜻하게 지낼 수 있겠지.'

나는 즐거운 마음으로 출근길을 재촉했다.

퇴소하는 날 연차휴무를 내고, 아내와 시온이와 함께 귀가했다. 장모님도 함께 오셔서 귀가를 도와주셨다. 그런데 집 안에 들어서자마자 깜짝 놀라고야 말았다. 불과 하루 전만 해도 집이 얼음골이었는데 상황이 반전되었다. 한증막에 온 듯했다. 너무너무 더웠다. 겨울임에도 불구하고 반팔을 입어야 할 정도였다. 어른들은 그나마 괜찮았지만, 문제는 시온이였다. 바닥에 눕혀놨는데 계속 울어댔다. 너무 덥다 보니 체온 조절이 안 되어 우는 것이었다. 아기들은 어른들보다 기초체온이 높다. 당연히 땀도 어른들보다 잘 흘린다. 그래서 온도 및 습도 조절이 중요한데, 그런 것도 모르고 보일러만 뜨끈하게 가동했던 것이다. 조리원에서 한겨울임에도 불구하고 직원들이 반팔을 입고 있었던 이유가 있었던 것이다. 한겨울에 에어컨을 가동한 이유가 있었던 것이다.

육아를 해본 적이 단 한 번도 없다 보니 어리석은 행동을 하고 만 것이다. 모르는 것, 낯선 것투성이였다. 나는 배워본 적도, 들어본 적도 없었다. 아내는 대략적이나마 처형이나 친구들을 통해서 육아에 대해 대충 아는 것 같았다. 그러나 완벽한 지식이 아니기에 큰 도움은 되지 않았다.

집에서 지내는 첫날부터 사고를 쳤던 우리 부부는 하루하루를 우왕좌왕하며 보냈다. 육아 서적도 열심히 파보았지만, 그 지식을 습득하였다고 한들 아기마다 기질, 성격, 유전적인 성향 등이 다 다르니 큰 도움은 되지 않았다. 그저 맨땅에 헤딩하듯 실수하면서 배우는 방법밖에 없었다.

'이럴 때 우는구나. 이렇게 하면 울음을 그치는구나. 이 울음소리는 배가 고프다는 신호구나. 크게 악을 쓰면서 우는 것은 아프다는 뜻이구나.'

하나하나 '체험 지식'을 습득해나갈 때마다 시온이에게 해줄 수 있는 것도 늘어났다. 하지만 완벽한 육아는 언감생심이었다. 완벽한 육아를 하려고 애쓰다 보니 스트레스로 다가왔다.

육아가 아닌 다른 일들도 마찬가지 아니겠는가? 처음부터 잘하려고 하면 큰 스트레스로 다가올 수밖에 없다. 마음을 비우고 자그마한 것부터 차근차근 해나가면 결국은 성공할 터인데, 사람은 그 평범한 진리를 외면한다. 낙숫물이 바위를 뚫는다는데 소나기를 퍼부어 바위를 뚫으려고 한다. 너무 욕심 부린다. 처음부터 잘하려고 무지 노력한다. 때로는 넘어지면서 아픔도 겪어 보고, 반성도 해야 하지 않을까? 그래야 더 단단해진다. 그래야 한 걸음 더 성장할 수가 있다. 실수한들 어떠랴? 그것이 결국 육아의 자양분이 될 텐데 말이다.

요즘은 각종 SNS나 인터넷에 정보가 넘쳐나는 시대이다. 마음만 먹으면 육아에 관한 정보도 쉽게 캐낼 수 있다. 또한 엄마들의 경우에는 조리원 동기들 모임 등을 통해 정보교류도 할 수 있다. 하지만 주의할 것이 있다. SNS나 인터넷에서는 여과 과정 없이 무분별한 정보를 생성해 낸다. 안 좋은 정보다 싶으면 걸러내는 눈이 필요하다.

개인적으로는 정보 공유를 하는 엄마들의 오프라인 모임을 권장하고 싶다. 오프라인 모임은 정보를 얻는 기회도 되지만 바깥공기를 쐬며 숨을 돌리는 기회도 된다. 육아만 하다 보면 엄마의 마음에 우울증이 찾아오기 쉽다. 사람을 만나 대화도 나누면서 기분 전환을 하는 일이 필요하다. 다만 영양가 없는 오프라인 모임은 지양하도록 하자. 쓸데없이 서로 비교만 하게 된다.

"그 집 아기 어때요? 우리 아기는 좀 늦는 것 같아요."

이렇게 비교를 하게 되면 엄마는 불안감에 휩싸이고 만다. 아기가 정상적으로 잘 자라고 있는지 말이다. 비교는 영혼을 좀먹는 행위이다. 남의 아기와 나의 아기를 비교할 거면 차라리 수다를 떨면서 스트레스를 해소하는 편이 훨씬 유익하다. 아기마다 기질, 성격, 유전적인 성향 등이 다르기 때문에 비교할 필요가 전혀 없다. 언젠가는 다 하게 되어 있다. 요즘 들어 나는 느긋함과 인내심이 육아의 최우선 덕목임을 새삼스레 느끼고 있다. 닦달하면 할수록 아이들은 오히려 정서만 불안해진다고 한다.

시온이도 19개월부터 걸었다. 우리 부부는 상대적으로 늦게 걷는 시온이 때문에 속앓이를 많이 했다. 대학 병원에 가봐야 하나 고민도 했다. 그렇지만 결국은 조금 늦었을 뿐이다. 지금은 잘 걸어 다니고 심지어 뛰기까지 한다. 늦었던 만큼 넘어지지 않고 능숙하게 잘 걸어 다닌다.

어떤 일이든 처음은 낯설다. 육아는 더더욱 그렇다. 그 낯섦을 극복하기 위해서는 관심을 가지고 지속적으로 실천에 옮겨야 한다. 적어도 내가 낳은 자식에게만큼은 육아 박사, 육아 전문가가 되도록 하자. 결코 쉬운 일은 경험이 모든 것을 해결해줄 것이다.

가끔은 슬럼프에 빠질 수도 있다. 하지만 명심하자. 슬럼프가 온다는 것은 그만큼 열심히 최선을 다했다는 것이다. 열심히 최선을 다하지 않았는데 슬럼프가 올 리 만무하다. 슬럼프가 왔다 싶으면 지금까지 줄기차게 달리기만 했으니 잠시 페이스 조절을 하자고 생각하면 된다. 잠깐 숨을 고르고 다시 달리는 것이다.

결국은 아이의 엄마가, 내 아이에게만큼은 육아 박사가 될 수밖에 없다는 사실을 명심하자. 그 어떤 육아 박사님, 육아 전문가의 조언이나 강의보다는 엄마의 경험과 손끝을 더 믿었으면 한다.

나는 아내와 함께 시온이를 키우면서 이런 상상까지 해보았다. 아이가 어느 정도 신변 처리와 의사소통이 가능한 나이가 되면, 부모가 많은 수고를 했으니 국가에서 인정을 하고 큰 상을 주는 일 말이다. 인구 정책 담당자도 아니면서 어떠한 보상이 주어지면 출산율도 조금은 늘어나지 않을까 예상도 해보았다.

부모로 산다는 것은 행복하지만 어렵고 고단한 길을 걷는 일이다. 하지만 그렇기 때문에 더 큰 어른으로 성장할 수 있는 계기를 만들어준다. 부모가 된다는 것은 누구에게나 낯설지만 넘어짐, 깨어짐을 두려워하지 말고 계속 도전하고 나아가자. 언젠가는 탐스러운 열매를 맺을 날이 반드시 있을 테니 말이다.

군대 3년이냐
육아 1년이냐

아빠들에게 이러한 질문을 한다면 어떻게 대답할까?

"이때까지 살면서 가장 힘들었던 시절이 언제였어요?"

여러 가지 대답이 나오겠지만 '군복무 시절'이란 답을 1위로 꼽을 수 있을 것 같다. 군대를 다녀온 아빠들이라면 공감할 것이다. 원하지 않았는데도 2년 넘는 시간 동안 폐쇄된 공간에서 제약된 생활을 했으니 얼마나 힘이 들었을까?

나는 2년 2개월 조금 못 미치는 기간 동안 경기도 김포의 포병부대에서 군복무를 했다(복무기한이 2년 2개월이었는데, 당시 대선 후보였던 고故노무현 대통령이 복무기한을 줄이겠다는 공약을 내세웠다. 이후 대통령으로 당선된 이후 점차적으로 복무기한을 조정했다. 나 또한 그 혜택을 보고 2년 2개월 조금 안 되게 군복무를 했다.). 정말 힘든 고난의, 고통의 시간이었다. 그러나 사람은 사회적 동물인지라 적응하고 익숙해지면 마음의 안정을 찾고 편안함을 느낄 수 있다. 군 생활이 너무 힘들었지만 이등병, 일병 시절을 지나고 상병이 되고부터는 할 만했다.

퇴사하는 사람들에게 그 이유를 물으면, 일이 힘들어서 또는 일을 못해서가 아니라고 한다. 제1순위는 사람들과의 관계다. 특히 조직 상하간의 위계질서로 인한 스트레스로 퇴사를 많이 한다고 한다. 군 생활의 힘겨움도 업무나 훈련 때문이 아니다. 이것들은 시간이 지나면 익숙해진다. 하지만 계급간의 갈등이나 차별, 즉 사람들과의 관계는 좀처럼 적응이 안 된다. 가장 높은 병장이 된다 하더라도 크게 다르지 않다. 이때는 간부들과의 마찰이 커진다.

그런데 적어도 나의 기준에서는 군 생활보다 더 힘든 것이 육아다. 단순히 군 생활과 육아를 비교한다면 군생활의 압도적인 승리다. 누군가 "군대 3년 갈래? 육아 1년 할래?"라고 물어본다면, 나는 단 1초의 망설임도 없이 군대 3년을 택할 것이다. 그 이유가 무엇인지 궁금하지 않은가?

군대는 빡세고 빡빡하긴 하지만 정해진 시간에 과업을 완수하고 정해진 스케줄대로 움직이면 된다. 선임들의 지도에 잘 따르고 군기만 흐트러지지 않는다면 인정받고 생활할 수 있다.

하지만 육아는 정해진 시간이 딱히 없다. 아기는 수시로 배고파하고, 아무 때나 놀고 싶어 하고, 자는가 싶으면 깬다. 잘 뛰어놀다가도 갑자기 아프다. 또한 다양한 욕구를 쏟아내는데, 부모는 이에 부응해야 한다. 욕구를 충족시켜주지 못하면 난리가 난다. 당연히 수습도 어렵다. 아기가 어느 정도 클 때까지 부모는 희생과 인내로 살아야 한다.

엄마는 주 양육자이기에 아빠보다 몇 배 더 힘들다. 첫째 아이를 기

좌충우돌 아빠 육아

를 때는 '엄마'의 역할이 처음이기에 더 심한 고통에 시달리게 된다. 아기와 함께하는 삶을 살아본 적 없기에 어느 정도 적응하기까지 인고의 시간을 보낸다. 이 시간을 견뎌내지 못하면 스트레스에 넘어지고 우울증에 무너진다. 30년 가까이 혹은 넘게 멋지고 예쁜 '○○○ 씨'로 살다가 '○○ 엄마', '○○ 아내'로 살려니, 이것부터가 가치관에 혼란을 준다. 그렇다고 훌쩍 아기에게서 벗어날 수도 없으니, 그 스트레스에 아기에게 못할 행동도 저지른다. 고함치고, 혼내고, 무관심하고……. 그러다 죄책감에 시달리면서 '두 번 다시는 하지 말아야지' 다짐도 한다. 하지만 또다시 잘못을 되풀이하고 만다. 악순환을 겪는 것이다. 나의 아내 또한 육아 스트레스로 인해 시온이에게 종종 고함을 지르고 야단을 쳤다. 그러다가 자책도 했다. 여느 엄마들과 다를 바 없는 모습이었다.

나는 아내에 비할 바가 아니었지만 나 또한 육아에 어느 정도 적응을 하기까지 상당한 시일이 걸렸다. 시온이의 케어와 관련해서 아내와 다툼과 갈등도 많았다. 내 입장에서는 직장일 하는 것 자체도 힘든데 육아까지 하려니, 시쳇말로 돌아버릴 지경이었다. 그렇지만 소중한 내 아이이니 육아를 안 할 도리가 없었다.

시온이가 신생아일 때 밤부터 새벽 사이 분유를 먹이는 일은 내 몫이었다. 2시간에 한 번씩 깨어나 배고프다 보채는 시온이에게 분유를 먹이는 것은 정말 고역이었다. 겨우 분유를 주고 이후 다시 잠을 잔다고 한들 제대로 잘 수가 없었다. 낮에 수고하는 아내를 쉬게 하려는 나의 배려였지만, 그 피로를 이기기 힘들었다.

시온이가 크게 아파 병원에 입원한 적도 있었다. 그때 나는 아내와 더불어 간호도 해주고, 병원에서 같이 자고 출근했다. 이 외에도 육아와 관련된 어려움과 괴로움이 한동안 지속되었다. 시온이가 태어나고 나서 6개월쯤 지나고 나서야 어느 정도 적응이 되었다. 마음을 비울 수 있었다고나 할까? 나는 "피할 수 없으면 즐겨라"라는 말을 되새기며 육아에 매인 이 상황을 즐겨보자는 마음을 먹었다. 우리가 간절히 원해서 힘들게 낳은 아기인데, 육아를 못 견뎌하는 내 자신이 너무 간사하다는 생각이 들었다. 그래서 시온이에게 너무 미안했다.

우여곡절 끝에 첫돌을 맞이하고, 한 발 한 발 성장하는 시온이가 예뻐 보이기 시작했다. 육아 우울증은 어느 순간 사라져버렸다. 개월 수가 늘어날수록 시온이가 할 수 있는 것들이 점차 늘어갔다. 이로 인해 나와 아내의 몸이 편해졌다. '육아가 조금 할 만하다'라고 생각하는 지경에까지 이르렀다.

물론 그렇다고 해서 육아의 고충이 완전히 해결된 것은 아니었다. 산 넘어 산이었다. 시온이가 고집을 부리고 떼를 쓰는 일이 늘어났다. 남자아이라 그런지 걷기 시작하면서부터는 호기심이 동하는 대로 마구 움직였다. 제멋대로 돌아다니는 아이를 쫓아다니며 돌보려니 체력적으로 힘에 부치게 되었다. 그래도 이 또한 하나의 성장 과정이라 여기고 기쁜 맘으로 받아들였다. 나 자신도 아빠로서 진정한 어른이 되어가는 과정이라 생각했다.

'나도 아기 때 저렇게 행동했겠지? 부모님이 얼마나 힘들었을까?'

부모님께 감사한 마음, 죄송한 마음, 사랑하는 마음이 절로 들었다. 나는 정말로 어른이 되어가고 있었다.

육아에 정도는 없다. 아기의 성향, 기질에 따라 대처하고 행동하면 된다. 아이도 세상을 향해 한 발 한 발 내디딜 때마다 세상에 적응을 한다. 그러므로 아빠들 또한 육아에 적응해야 한다. 걱정만 하고 우울 모드에 빠져 있으면 해결되는 것은 아무것도 없다. 시간이 모든 것을 해결해주지만, 그것은 의미가 있는 시간이라야만 가능하다. 아무런 노력 없이 시간만 보내면 시간은 아무것도 해결해주지 못한다. 부단한 노력이 필요하다. 적어도 내 아이에게만큼은 최고의 지원군, 지지자가 되어보자.

아빠가 울었다

남자는 평생 세 번만 우는 거야. 함부로 눈물을 보이면 안 돼."

이런 말을 듣고 자란 아빠들이 많을 것이다. 나 또한 보수적인 부모님께 자주 들은 말이다. 남자가 운다고, 떼를 쓴다고 아버지께 많이 혼났던 기억이 남아 있다. 참으로 씁쓸한 기억이 아닐 수 없다. 지금은 시대가 많이 바뀌어서 이렇게 교육을 시키는 부모는 거의 없다고 본다.

나는 30년 넘게 살기까지 운 적이 손에 꼽을 만큼 드물었다. 보수적이고 고루한 부모님의 가르침에 울면 안 되다는 생각이 머릿속에 각인이 된 채 성장한 영향인 듯하다. 그런데 결혼을 하고 육아를 하면서 나의 울음보가 터져버렸다. 나는 내 자신이 이렇게 눈물이 많은 남자인 줄 처음 알았다. 내가 이렇게 여린 남자였나 싶었다.

시온이가 태어난 지 8개월쯤 되었을 무렵으로 기억한다. 퇴근을 해서 시온이랑 놀아주고 있었다. 아내 말로는 낮에 문화센터에서 잘 놀고, 집에 와서도 잘 놀았다고 했다. 그런데 시온이가 이유 없이 보채고 울면서 안아주길 원했다. 혹시 졸리는가 싶어 안아줬는데 느낌이 이상했다.

"여보, 체온계 좀 들고 와봐."

헉! 체온을 재보았더니 39도 가까이 오르는 것이 아닌가. 나와 아내는 깜짝 놀랄 수밖에 없었다.

"왜 이렇지? 갑자기 왜 열이 나지?"

기저귀와 옷을 죄다 벗겼다. 이어서 미지근한 물로 몸을 닦아주고, 서스펜 좌약을 항문에 넣어주었다. 그 순간 나는 눈에서 뜨거운 것이 흐른다는 것을 느꼈다. '말도 못하는 작고 작은 것이 얼마나 아플까?' 라는 생각에 자동반사적으로 흘러내린 눈물이었다. 아내가 왜 우느냐고 타박을 했다. 하지만 눈물은 멈출 줄 몰랐다. 그렇게 한 시간 정도 흘렀다. 열이 약간 떨어지는 듯 했으나 도저히 안 될 것 같아 '달빛 어린이병원'에 찾아갔다.

참고로 달빛 어린이병원이란 특정 병원의 이름이 아니라, 늦은 밤이나 휴일에 어린이의 응급 진료를 받을 수 있는 병·의원들의 모둠이다. 각 의료기관은 관할 시군구 보건소에 신청하면 달빛 어린이병원으로 지정받을 수 있다. 시온이처럼 아기가 고열일 경우에는 일반 병원 응급실보다는 달빛 의료병원을 추천한다. 일반 병원 응급실은 아무리 빨리 도착을 해도 환자의 위중 여부에 따라 진료 순위가 밀릴 수 있다. 또한 소아청소년과 전문의가 없는 곳도 있다. 이에 비해 달빛 어린이병원은 접수한 순으로 진료를 받을 수 있으며 소아청소년과 전문의가 상주한다. 응급실보다 비용도 저렴하다.

내 차에 시온이를 태우고 달렸다. 가는 도중에 시온이는 조금씩 토하기까지 했다. 당황스러웠다. 원인을 모르니 답답하기만 했다. 병원에 도착해 진료를 받는데, 시온이 몸에 수포가 조금씩 올라와 있었다. 손가락과 발가락에서도 수포가 발견됐다. 의사는 수족구병이라고 진단을 내렸다. 그리고 당장 입원을 해야 한다고 말했다. 눈물을 머금고 입원을 시킬 수밖에 없었다. 링거를 꽂는데 시온이가 울었다. 그 울음소리에 대신 아파주고 싶은 맘이 굴뚝같았다. 가늘고 여린 팔에 링거 꽂을 데가 어디 있다고!

아내는 죄인인 듯 아무 말 없이 시온이를 안아주고만 있었다. 평소 뱃구레가 작은 아이였는지라 이유식을 조금 적게 먹지만 그나마 먹는 아기였다. 하지만 수족구로 인해 이유식을 거부하고 보채기만 했다. 나와 아내는 괴로운 마음뿐이었다. 아이가 아프니 자동으로 눈물 섞인 기도가 나왔다. 교회를 다니지만 평소 기도를 열심히 안 했던 내가 간절히 하나님을 찾았다.

"하나님, 시온이 낫게 해주세요. 저 조그만 것이 너무 불쌍하잖아요. 제발 낫게 해주세요."

탈수가 일어나면 안 된다고 해서 물을 먹였다. 하지만 시온이는 물도 거부했다. 작은 약통에 물을 넣어서 억지로 물을 마시게 했다. 시온이도, 아내와 나도 괴로웠다.

병원에서 아내와 같이 쪽잠을 자고, 다음 날 출근을 했다. 퇴근을 하자마자 곧바로 빛과 같은 속도로 병원으로 갔다. 시온이를 괴롭히는 수포와 빨간 발진이 절정을 이루고 있었다. 엉덩이와 허벅지까지 올라온 상태였다. 미치고 환장할 노릇이었다.

3일 정도 지나서야 겨우 열이 조금 떨어졌다. 죽도 조금씩 넘길 수

좌충우돌 아빠 육아

있었다. 그것만으로도 너무나 감사했다. 열을 좀 더 내리기 위해 부드러운 아이스크림을 사줬다. 다행히 아이스크림도 먹을 수 있었다. 그 모습에 조금씩 좋아지고 있음을 느꼈다.

5일차가 되자 열이 거의 잡혔다. 예전처럼 이유식도 먹고, 물도 마시고, 활발하게 노는 모습을 보였다. 의사가 퇴원을 해도 된다고 말했다. 세상을 다 가지라는 말처럼 들렸다. 그만큼 기뻤다. 퇴원하고 집으로 돌아오는 길은 더 기뻤다. 나는 시온이 곁에서 온갖 고생을 한 아내를 꼭 안아줬다. 너무 고맙고 미안했다.

내가 유별난 아빠이고 감성이 풍부한 아빠인 걸까? 아들의 수족구병, 생애 첫 입원으로 인해 흘린 눈물이 부끄럽거나 이상하지는 않다. 안타까움과 슬픔, 괴로움이 한꺼번에 쓰나미처럼 몰려와 눈물 외에는 답이 없었다. 오히려 나보다 더 담담했던 아내가 대단하다고 생각한다. 여자는 약하지만 엄마는 정말 강한 것인가?

이후 시온이는 장염, 폐렴, 감기 등으로 인해 몇 번 더 입원을 했다. 수족구병을 앓았을 때처럼 그렇게 많은 눈물은 나지 않았다. 이런 병에 걸림으로써 면역력을 더 키울 수 있다고 긍정적으로 생각했기 때문이다.

엄마들도 당연히 힘들겠지만, 아빠들도 힘들다. 아빠들은 슈퍼맨이 될 수밖에 없다. 힘든 직장일도 해야 되고, 아내와 자식을 부양해야 하므로 슈퍼맨이 되지 않으면 안 된다. 많은 아빠들이 마음속에 수십 장의 사직서를 품고 다닌다. 하지만 여우 같은 아내와 토끼 같은 자식을 위해서, 가장이기 때문에 오로지 참을 수밖에 없는 것이 대한민국 아빠들의 현실인 듯하다.

나 또한 힘이 들지만 아내를 위해서, 사랑하는 아들 시온이를 위해서 직장을 다니고 있다. 그리고 가족의 더 나은 미래를 위해서 이렇게 책도 쓴다. 몸이 두 배로 더 힘든 생활을 하고 있다. 가끔은 나만을 위한 휴식이 필요하지만 사실 자는 것 이외에 진정한 휴식은 못하고 있는 형편이다.

나는 모든 아빠들에게 가끔은 진정한 휴식이 필요하다고 생각한다. 또한 스트레스 해소를 위해서 적당한 취미활동을 하는 것도 좋다고 생각한다. 하지만 나는 아내와 함께하는 육아를 위해서 취미활동은 당분간 보류하기로 했다. 실제로 많은 아빠들이 나처럼 취미활동을 보류하고 있지 않을까? 충분히 쉬지도 못하고 말이다.

그렇다면 한 번쯤은 크게 울어보는 것은 어떨까? 지면을 빌려 고백하건대 스스로 많은 것들을 감당하기 힘들어 차 안에서 혼자 펑펑 울어본 적이 있었다. 그런데 희한하게도 펑펑 울고 나니 응어리들이 씻겨 내려가는 시원함을 느낄 수 있었다.

어른들이 흔히 하는 말이 있다.

"그래. 울고 나면 괜찮을 거다. 실컷 울어라."

그 말은 진실이었다. 그래서 웃음치료라는 치료요법도 있지만 울음치료라는 치료요법도 생긴 듯하다. 울음을 통해서 마음의 상처들, 응어리들을 풀어보자. 몸과 마음의 스트레스를 날려버리자. 울고 싶으면 울자. 아빠가 우는 것은 약해서가 아니라 감정에 충실하기 때문

좌충우돌 아빠 육아

이다. 다만 우는 것이 부끄럽다면 숨어서 크게 울면 된다. 내가 혼자 차 안에서 운 것도 솔직히 우는 모습이 남부끄러워서였다.

아빠도 감정을 가진 동물이다. 크게 울고 다시 한 번 전진해보는 거다.

아이를 보고
고개를 끄덕였다

나와 친한 친구도 아들 하나를 키우고 있다. 지금 여섯 살인데 시온이보다 세 살이 더 많다. 시온이에 비하면 의젓한 형님 같아서 내가 농담 삼아 이런 이야기를 한 적이 있다.

"영민이는 어른이네. 다 키웠네. 부럽다. 나는 언제 저렇게 키우노?"

그러자 친구가 딱 네 글자로 대꾸했다.

"금방 큰다."

이어서 친구는 "힘들었다"라고 고백했다. 남자아이다 보니 고집도 세고, 소리 지르고, 자기 마음대로 행동하려고 했단다. 제수씨와 친구는 너무 힘들었던 시기를 2~3년 겪었다고 한다. 그래도 아이에게 계속적인 지지와 믿음을 보내고 소통하려 노력하니, 네 돌쯤 되었을 때부터는 한결 나아졌다고 한다.

"지금은 엄청나게 얌전해진 거야. 세월이 약이다."

친구의 조언이 가슴에 와 닿았다. 육아 선배다운 조언이었다.

지난해 여름, 우리 부부와 친구네 부부는 거제도 바닷가에 놀러 갔

좌충우돌 아빠 육아

다. 참고로 친구는 바다보다 계곡을 더 좋아한다. 바다 특유의 짠 내와 모래의 까슬한 느낌, 그리고 그늘이 드문 바다의 뙤약볕이 싫어서 계곡을 선호한다. 그런데 영민이가 하도 바닷가에 놀러가자고 조르는 바람에 어쩔 수 없이 가게 된 것이다.

바다를 싫어하는 친구는 제수씨와 영민이만 물가에 보내고 우리 부부랑 대화를 나누었다. 제수씨와 영민이가 바다 속으로 한 걸음, 한 걸음 서서히 들어가고 있었다. 그러다 순간 파도에 휩쓸려 영민이가 물에 빠져버렸다.

"여보, 영민이 물에 빠졌어. 이리와 봐."

제수씨가 고함을 쳤고 친구는 짜증을 냈다.

"그러게 왜 바다에 오자고 했노? 갈아입을 옷도 준비 못 해왔구만. 아, 짜증나네."

옆에서 듣는 내가 무안하고 민망했다.

"야, 놀러왔는데 짜증내지 말고 놀자."

그런데 영민이의 입에서 나온 말이 내 가슴을 찔렀다.

"아빠, 이왕 젖은 거 재미있게 놀아보자."

이 말이 지금도 기억에 생생하다. 왜 그토록 잊히지 않는 걸까?

사람들은 익숙하지 않은 일에 대해 두려움을 품기 마련이다. 익숙해지기 위한 한 걸음을 내딛는 일에 대체로 망설인다. 하지만 무엇이든 한 번 정도 경험하고 나면 다음번엔 아무것도 아니다. 금방 익숙해진다.

자전거를 배울 때를 생각해보자. 처음 자전거를 배울 때는 누구나 넘어질까봐 두려워한다. 하지만 한 번 혹은 몇 번 넘어지고 나면, 비록 다쳐서 상처가 생기더라도 자신감이 붙게 된다. 어느 순간 능숙하게 자전거를 타게 된다. 뒤에서 잡아주던 사람이 몰래 놓아버려도 그 사실조차 모르고 자전거를 타기도 한다. 끝내는 스스로의 힘으로 자전거를 잘 탈 수 있는 용기와 배짱이 생긴다. 두려움은 사라지고 자전거 타기가 즐거워진다.

나는 영민이의 말에서 두려움을 이겨내려는 의지를 보았다. 나의 시선은 틀리지 않았다. 영민이는 언제 넘어졌냐는 듯 바닷물에 들어가 재미있게 놀았다. 친구도 아들을 따라 바닷물에 들어가더니 이런 말을 했다.

"아, 시원하다. 너무 좋다."

본능적으로 튀어나온 말인 듯했다. 그런 아빠를 보면서 영민이가 히죽 웃었다.

"아빠, 너무 좋제? 아빠도 옷 젖으면 말리면 되잖아. 더 들어와서 나랑 놀자."

영민이는 마치 실패하면 다시 도전하면 되고, 실패를 하더라도 피할 길은 있다는 진리를 터득한 아이 같았다. 어른스러웠다. 나는 영민이를 보면서 나 혼자 고개를 끄덕였다.

'정말 어른들은 아이를 통해서 배우는구나!'

반대로 아이가 어른에게 배우기도 한다. 아이에게 어른은 거울이 된다. 때문에 어른이라면 말과 행동을 조심해야 한다. 아이는 부모의 말과 행동을 그대로 모방한다.

자녀를 훈육하려면 부모부터 올바른 사람이 되어야 한다. 너무나도 당연한 이치인데, 이것을 지키지 않는 부모들이 적다고 볼 수는 없다. 정말 '내로남불(내가 하면 로맨스, 남이 하면 불륜)'하고 있지는 않은지, 부모라면 한번쯤 되돌아보기를 바란다.

나의 아버지부터가 '내로남불'의 장본인이었다. 내가 대학에 입학해서 한창 유흥에 물들어 있을 때 아버지께서 하신 말씀이 있다.

"욱아, 술은 몸에 안 좋다. 될 수 있으면 마시지 마래이."

기가 막혔다. 당신은 술은 드시면서 다 큰 성인에게 마시지 말라고 하다니.

"아버지도 약주하시잖아요. 그런데 왜 저에게 마시지 말라고 하세요."

아버지는 할 말이 없으셨는지 더 이상 언급을 안 하셨다.

혹시 본인은 길거리에 쓰레기를 버리면서 아이에게는 쓰레기를 버리지 말라고 하지 않는가? 본인은 무단횡단을 하면서 아이에게는 파란불에 횡단보도를 건너라고 가르치지 않는가? 아이가 바뀌기를 바란다면 지시나 꾸중보다는 부모가 바뀌는 것이 최선이다. 부모가 직접 모범을 보이는 것이 가장 좋은 교육이다.

주변의 아이들을 통해서 나는 아직도 배우고 있다. 지금은 시온이가 어리지만 앞으로 점차 커갈수록 시온이에게도 많이 배울 것이다. 아빠에게 하는 아이의 말투, 아이의 충고가 귀에 거슬린다고 할지라도 수용할 줄 아는 멋진 아빠가 되리라 다짐을 해본다.

절대적 행복과
상대적 행복

절대적: 아무런 조건이나 제약이 붙지 아니하는. 또는 그런 것.

상대적: 서로 맞서거나 비교되는 관계에 있는 또는 그런 것. 절
대적이라는 관형사와 상대적이라는 관형사의 의미를 국
어사전에서 알아보았다. 나는 '상대적'이라는 관형사에
'행복'을 슬쩍 붙여 나만의 단어와 그 뜻풀이를 만들어
보았다.

상대적 행복: 서로 맞서거나 비교되는 관계에 있는 행복 또는
그런 행복.

우리들은 비교에 의해서 우울해지고, 힘들어진다. 물론 비교해서
행복해질 수도 있다. 세상의 모든 것을 100이라고 보았을 때, 자신은
10밖에 없다고 가정을 해보자. 타인들은 10을 넘어서 20, 30을 가지
고 있는데, 나는 10만 가지고 있어서 우울해질 수도 있다.

'왜 나는 겨우 10뿐일까? 더 가지고 싶은데.'

하지만 4나 5만 가진 사람들도 있다. 그들을 생각하면 10을 가지

좌충우돌 아빠 육아

고 있는 것이 불행이 아니다.

너무 개똥철학 같은 이야기인지? 결국 지금 처한 상황에 안분지족하라는 얘기이냐고 물을 수도 있다. 그런데 나의 주장은 그것이 아니다. 100에 가깝게 소유하고 싶다면 소유를 하도록 노력하라는 것이다. 가지도록 노력하면 될 텐데 덜 가졌다고 해서 우울해하지 말라는 것이다. 다만 지나치게 욕심을 부리는 것은 곤란하다.

그렇다면 절대적 행복은 무엇일까? 아무런 조건이나 제약이 붙지 아니하는 행복, 과연 그런 행복이 가능은 할까? 돈, 명예, 권력 등을 손에 넣으면 절대적 행복을 느낄 수 있을까?

실상 돈만 있으면 원하는 것은 거의 다 이룰 수 있다. 풍경이 아름다운 외국의 휴양지에 갈 수 있고, 비싸고 맛난 음식도 먹을 수 있다. 경치가 끝내주는 아파트에 거주할 수 있다. 도무지 불행이 비집고 들어올 틈이 없어 보인다.

명예, 권력을 가지게 되면 어깨에 힘주고 살 수가 있다. 명예, 권력은 돈으로도 연결이 되는 것이 현실이다. 그러므로 돈과 명예와 권력이 있다면 절대적 행복을 누리는 것이 가능하지 않을까?

질문에 대한 답은 여러분 각자에게 맡긴다. 나는 여러분 모두의 생각을 존중한다.

적어도 육아를 통해서는 나는 절대적 행복을 누리지 못했다. 그래도 상대적 행복을 맛볼 수 있었다. 아내는 한 번의 유산을 거치고 힘들게 인공수정 시술로 임신을 했다. 너무 행복했다. 그러나 행복은 오래가지 못했다. 시온이가 태어나자마자 아내는 말할 것도 없고 나 또한 너무 힘들었다. 불평불만이 생겨났다. 앞서 밝혔지만, 밤중에 분유 타서 먹이는 일이 너무나 힘들었다. 시온이가 밤새 깨지 않고 잠만 자도 정말 행복할 것 같았다. 100일이 조금 지나자 마법처럼 그 행복이 찾아왔다. 시온이가 한 번도 안 깨고 통잠을 자는 것이 아닌가? 무척 신기했다. 소원대로 아이와 아내와 함께 푹 잘 수 있어서 행복했다.

시온이가 두 돌이 지나자 반찬을 가리기 시작했다. 딴에는 자아가 생긴 것인지 야채 반찬은 퉤 뱉어내기까지 했다. 고기처럼 좋아하는 음식은 어른처럼 잘 먹었다. 그런 시온이의 모습에 아내의 감정은 널 뛰기를 했다. 고기를 잘 먹는 모습에는 웃고, 야채를 뱉어내는 모습엔 화를 냈다. 벌써 편식을 하는 식습관을 용납할 수 없는 듯했다. 그런 아내가 안타까워 한마디 했다.

"나중에 야채도 먹겠지. 좀 내버려둬라. 지가 좋아하는 거 잘 먹으면 돼. 와 그라노?"

아내가 단박에 대거리를 했다.

"편식하면 안 되거든. 골고루 먹어야 나중에 살도 찌고 키도 크지 않나."

다행히 어느 정도 시간이 지나자 시온이가 야채도 조금씩 먹기 시작했다. 그 모습에 아내는 '잇몸만개웃음'을 지으면서 행복해 했다. 아이가 밥 잘 먹는 모습을 보고 싫어하는 부모가 어디 있으랴? 타인들이 보기에는 별것 아닌데, 아내와 나에게는 결코 작지 않은 행복이었다. 상대적인 행복이었다.

좌충우돌 아빠 육아

다른 아기들과 비교를 하면 상대적인 행복이 이루어지기 어렵다. 우리 부부는, 비록 느리지만 과거보다 조금씩 나아지는 시온이에게서 행복을 느낄 수 있었다. 그래서 감사하다. 행복을 안겨준 시온이에게도 고맙다.

나는 돈, 명예, 권력을 좋아한다. 하지만 그것들을 손에 넣어 절대적인 행복에 가까이 가려는 욕심은 없다. 시온이 때문에 외출도, 사람들과의 만남도 자유롭지 못한 처지이지만 이따금 갑자기 이루어지는 만남에 행복하다. 약간의 술을 곁들여 사람들과 대화를 나누면 남부럽지 않다. 아내 또한 캔맥주 한 잔 정도로 나름 상대적 행복을 누리고 있다. 여기서 또 아내에게 고마운 것은 아내에게 절대적 행복이란 쇼핑과 친구들과의 만남이라는 사실이다. 절대적 행복이 어쩌면 이다지도 소박한지! 이런 아내 덕분에 우리 가족은 행복하게 잘 살아가고 있는 모양이다.

육아를 하는 여러분에게 묻고 싶다. 육아를 하면서 절대적 행복을 택할 것인가, 상대적 행복을 택할 것인가?

나는 아들바보로
살 것이다

'바보'라는 말은 어감도 안 좋을뿐더러 긍정적인 어휘가 아니기에 조심해서 사용해야 한다. 실례로 내가 근무하고 있는 경남 김해의 장애인 거주시설에는 장애인들이 많이 거주하고 있다. 육체는 일반 성인과 다를 바가 없으나 지능은 일반인들에 비해 현저하게 떨어진다. 그러나 이분들에게 절대로 바보라고 하지 않는다. 그냥 지적장애인이라고 일컫는다.

그런데 육아에서는 '바보'가 긍정적인 의미로 쓰이기도 한다. '아들바보', '딸바보', '조카바보' 같은 단어들을 한 번쯤은 들어보았을 것이다. 여기서의 '바보'는 지능이 낮은 사람을 뜻하지 않는다. 아들과 딸과 조카를 사랑한다는, 푹 빠져 있다는 의미로 쓰인다.

나는 미혼 시절부터 결혼해서 아기를 낳는다면 딸이었으면 하는 마음을 품고 살았다. 딱히 이유는 없었다. 그저 딸이 아들보다 상대적으로 애교가 많아 애교 한 방에 녹아들고픈 마음이 있었다. 딸이 애교로써 용돈을 갈취하려 한다면 기쁘게 갈취를 당해야겠다고 생각

좌충우돌 아빠 육아

했다. 바보가 되어도 좋았다.

결혼 후 달콤살벌한 신혼 시절을 거치고, 한 번의 유산을 겪었다. 그 후 나와 아내는 다시 아기를 갖기 위해 노력했다. 유산의 아픔을 이겨내야 했기에 그 노력은 애잔하고 또 조심스러웠다.

어느 날, 몸의 이상을 감지한 아내가 말했다.

"여보, 나 임신한 것 같다. 테스트기에 2줄이 떴다."

"정말? 와! 그럼 나 아빠 되는 거가? 너무 고맙다."

나는 폭풍감동을 했다. 눈물이 날 뻔했다. 유산의 아픔을 극복한 결과였기에 말할 수 없이 가슴 벅찼다. 겪어 보지 않은 분들은 절대 나의 감정을 이해하지 못할 것이다. 세상을 다 가진 것 같았고, 밥을 안 먹어도 배가 불렀다. 행복했다.

그러나 그 행복감은 잠시뿐이었다. 아내가 힘들어졌다. 날이 갈수록 아내는 몸이 무거워지고 힘들어지고 피곤해졌다. 신은 왜 임신한 아내에게 이런 시련을 주시는지!

물론 여자마다 조금씩 다르긴 하겠지만, 임신한 아내들의 몸 상태에 대해 네 가지만 추려서 나열해보겠다. 예비 남편들 혹은 예비 아빠들에게 참고가 되면 좋겠다. 이 정도만 알아도 아내의 산모 시절을 평온하게 지낼 수 있을 것이다.

1. 소변을 자주 마려워 한다: 자궁이 커져서 방광과 직장을 압박하여 소변이 자주 마려워진다. "여보, 당신 예전과는 다르게 소변을 자주 누는 것 같다. 병원 가봐야 하는 거 아니야?" 이

113

런 소리 하는 남편은 없었으면 한다.

2. **다리가 저리고 붓는 현상이 생긴다:** 임신으로 인해 체중이 늘어서다. 이럴 때라도 공주대접을 해주고 다리를 주물러주는 자상한 남편이 되어보는 건 어떨까? 점수를 많이 딸 수 있을 것이다.

3. **잘 못 먹거나 토하기도 한다:** 입덧이 심하면 이런 증상이 생긴다. 아내는 잘 못 먹다가도 평소 거들떠보지도 않던 음식을 갑자기 찾기도 한다. 이때 지구 끝까지라도 가서 음식을 구해다 주는 열혈 남편이 되어보자.

4. **이유 없이 짜증이 늘어나고 변덕이 심해진다:** 호르몬 변화가 원인이다. 아내의 짜증과 화를 남편이 받아주지 못하면 부부 사이에는 다툼만 일어난다. 남편도 사람인지라 화도 나고 싸우고 싶겠지만, 과감히 백기투항을 하자. 배 속의 태아도 다 보고 있다.

다시 임신 테스트기로 임신 결과를 알게 된 시절로 돌아간다. 며칠 후 아내와 같이 병원에 동행했다. 최종적으로 임신 판정을 받았다. 의사 선생님이 웃으면서 물었다.

"아들이면 좋겠어요? 딸이면 좋겠어요."

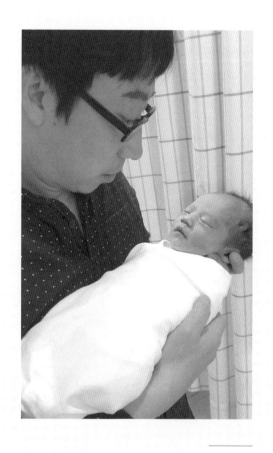

2017년 1월 3일에 태어난 시온이는 현재 세 살이 되었
다. 정말 수많은 일들이 일어났었고, 시온이로 인해 일희
일비한 일들이 너무 많았다. 나는 전형적인 아들바보 아
빠다. 아들에게 더 좋은 것, 더 맛난 것, 장난감 하나라
도 더 사주기 위해 오늘도 열심히 하루를 살려고 한다.

나는 1초의 망설임도 없이 딸이라고 답했고, 아내는 딸 아들 상관없다고 했다.

이후 병원에 진료를 받으러 갈 때마다 나는 아내와 함께 갔다. 늦은 나이에 임신을 해서 힘든 아내를 위한 배려였다. 아내의 배에 초음파를 대면 아기의 심장소리가 들렸다. 정말 신기했다. 생명의 신비에 새삼 감탄이 나왔다.

어느 날 또 검사를 받기 위해 병원에 갔다. 의사선생님은 초음파 검사 후 다리 사이에 무엇인가 보인다고 했다. 아들인 것 같다고 조심스럽게 덧붙였다. 내심 딸이길 기대를 했지만 그럼에도 마냥 좋았다.

아내는 임신 내내 호르몬의 영향으로 여느 임산부들처럼 까칠했다. 덕분에 나와 다툼이 잦았다. 그렇게 10개월을 보내고 제왕절개로 출산을 했다. 나는 드디어 아빠가 된 것이다. 역시 앞서 밝혔지만, 나는 시온이를 안고 생일축하 노래를 불렀다. 도중에 목이 메어 노래를 마치지 못했고.

2017년 1월 3일에 태어난 시온이는 2019년 현재 세 살이 되었다. 정말 수많은 일들이 일어났었고, 시온이로 인해 일희일비한 일들이 너무 많았다. 육아 초기에는 아내나 나나 너무 힘이 들어 자주 다퉜다. 이혼 어쩌고 하며 막장드라마까지 찍기도 했다. 지금 생각하면 아내가 오죽하면 이혼하자는 소리까지 했을까 싶다. 얼마나 힘들었을지, 뒤늦게 측은지심이 생긴다.

여하튼 나의 분신, 나의 주니어 시온이가 하는 행동을 보면 예뻐 죽겠다. 어떠한 미운 짓을 해도 다 용서가 된다. 밥을 안 먹고 떼를

좌충우돌 아빠 육아

썼도, 나들이 후 집에 들어오기 싫다고 밖에서 버티고 있어도 용서가 된다. 훈훈한 '아빠 미소'가 지어진다. 시온이가 어른이 되더라도 나는 여전히 아빠 미소를 지을 것이다. 잇몸이 활짝 드러나도록 웃으면서 아들바보로 살 것이다. 묻지도 따지지도 않고 사랑할 것이다. 우리 아버지가 나에게 했던 것처럼, 나 또한 시온이에게 그렇게 할 것이다.

세월이 많이 흘러 시온이가 사춘기가 되면 아빠보다 엄마보다 친구를 더 좋아하는 날이 올 것이다. 아빠랑 엄마랑 함께 있기 보다는 친구랑 함께 놀려고 할 것이다. 아직 사춘기가 오려면 시간이 많이 남았지만, 이런 상상을 하니 지금 이 시간이 더욱더 소중히 여겨진다. 아들과 붙어 있는 이 시간은 길지 않을 것이다. 더욱더 아들과 부대끼며 놀아야겠다.

아빠들도 계산해 보기를 바란다. 지금 자녀와 함께하고 있는 이 시간이 과연 얼마나 남았을지.

나는 전형적인 아들바보 아빠다. 아들에게 더 좋은 것, 더 맛난 것, 장난감 하나라도 더 사주기 위해 오늘도 열심히 하루를 살려고 한다. 더욱더 행복한 육아, 즐거운 육아를 하려고 한다.

아이가
아픈 날에는

가끔 나를 키운 부모님의 작은 행동 하나하나가 떠오른다. 어떻게든 한 숟갈이라도 더 먹이려고 애쓰던 어머니, 외동아들인 내가 버릇없이 자랄 것을 우려하여 매를 아끼지 않았던 아버지. 모두 사랑이었다. 아버지가 퇴근길에 사들고 오신 치킨 한 마리, 큰맘 먹고 사주신 장난감. 역시 사랑이었다. 부모님의 사랑이 나를 이렇게 성장시켰다.

내가 결혼해서 독립을 하기 전 부모님과 함께 살고 있을 때에는 머리로만 대충 알고 있었다. 부모님의 사랑이 얼마나 큰지를 말이다. 가슴으로는 절대 몰랐다. 결혼을 하고 부모가 되고 나서야 알게 되었다. 부모님의 사랑이 헤아릴 수 없을 만큼 컸다는 것을.

육아는 역시 어렵다. 육아가 쉽다면 아이를 안 낳으려고 하는 부부는 없을 것이다. 요즘 출산율이 저조한 이유 중에는 힘겨운 육아도 포함되리라 짐작을 해본다. 경제적 부담 또한 만만치 않은 것도 출산율에 영향을 미친다. 개인적인 생각이지만 경제적인 부담을 이유로 육아를 기피하는 것은 아닌 것 같다. 돈이 부족하다면 부부가 맞벌이

좌충우돌 아빠 육아

를 하면 되는 것이다. 맞벌이 할 상황이 안 된다면 아빠가 외벌이를 하면서 몸은 두세 배로 힘들겠지만 일을 한 가지 더 하면 되지 않을까? 대출을 받은 뒤 열심히 상환하거나, 조금 아껴 쓰고 나눠 쓰고 하면 되지 않을까? 나의 개인적인 생각이기 때문에 논란의 여지가 없었으면 한다. 지인 중에 아이를 먼저 낳아 기르고 있는 육아 선배들의 의견도 나와 비슷했다.

여하튼 육아는 힘들다. 여러 가지 힘든 것이 많지만 가장 힘든 것 중 하나는 바로 아이의 건강 문제다.

자라면서 한 번도 아프지 않는 아기는 없을 것이다. 그래서 소소하게 아프면 부모는 으레 아픈 것이려니 하며 마음을 다스린다. 아기들도 덜 고생이다. 하지만 크게 아파서 입원이라도 하는 날엔 정말이지 하늘이 무너지는 기분이다. 시온이가 수족구로 입원했을 때 내가 그랬다. 작은 손에 링거를 꽂는 일부터 고통스러웠다. 혈관도 찾기 힘든 데다 달래가면서 링거를 달아야 하니 간호사도, 시온이도, 지켜보는 나도 고역이 아닐 수 없었다. 시온이는 병원이 떠나가라 마구 울면서 나를 원망 어린 눈빛으로 쳐다보았다. 그 눈빛이 아직도 잊히지 않는다. 나도 눈물이 나오려는 것을 참느라 혼이 났다.

아이가 밤이나 휴일에 아프다면? 즉 병원이 쉬는 날 아프다면 정말 눈앞이 캄캄해진다. 아이가 평일에 골라서 아파주거나 뚜렷한 전조 증상을 보여준다면 고맙겠지만, 실상 그런 일은 가능하지 않다. 물론 응급실로 달려가면 되지만, 대기자가 많다든가 소아청소년과 전문의가 없다든가 하는 난관에 부딪칠 수도 있다.

밤이나 공휴일에 아기가 아플 때 응급실 대신 이용할 수 있는 의료 시스템이 있다. 앞서 언급하기도 했던 달빛 어린이병원이다. 달빛 어린이병원에서는 365일 밤 11시부터 12시까지 소아청소년과 전문의들의 진료를 받을 수 있다. 비용 부담도 적고, 응급실처럼 환자의 상태에 따라 대기 순서가 밀리는 경우도 없다. 긴급하게 입원하는 것도 가능하다. 이런 점에서 응급실과는 전혀 차원이 다른 곳이라고 할 수 있다.

이런 좋은 의료 시스템에 단점이 있다. 전국적으로 달빛 어린이병원을 운영하는 곳이 많지 않다는 사실이다. 현재 20곳 조금 넘는 곳에만 달빛어린이병원이 있다고 한다. 보건복지부는 2014년 9월부터 시범사업 형태로 달빛 어린이병원을 시작했는데, 부모들의 호응이 좋아지자 인센티브를 주면서까지 참여기관을 확대했다. 하지만 동네 소아청소년병원의 인기가 떨어질 것을 우려한 소아청소년과 개원의 사회가 강력하게 반발했다.

야간 진료에 필요한 간호 인력 증원 등 경영 부담을 감당하기 어려운 현실도 달빛 어린이병원의 확산을 가로막았다. 일리 있는 말이다. 병원도 손해를 볼 수는 없으니 말이다. 또한 상대적으로 인구가 적고 출산율이 낮은 소도시 중에는 여성병원과 아동병원조차도 없는 곳이 많다고 하니 어쩔 수 없는 현실이긴 하다. 원래는 2015년 말까지 달빛 어린이병원을 30곳으로 확대할 계획이었지만 현재 보류된 상태라고 한다. 한편으로 이해는 되지만 또 한편으로는 아기의 건강보다 의사들의 밥그릇에 더 치중한다는 생각에 씁쓸함을 금할 수 없다.

좌중우돌 아빠 육아

내가 살고 있는 김해에는 달빛 어린이병원이 있다. 시온이도 여느 아기들처럼 병원에 가는 것을 엄청 싫어하고 무서워한다. 울고불고 온몸으로 저항한다. 그래서 될 수 있으면 나는 아내와 함께 병원에 간다. 직장에서 퇴근한 뒤 야간에 가는 경우가 있는데, 이때 달빛 어린이병원이 너무나 감사하다.

한 아이의 아빠로서 의사선생님들이 조금만 더 부모 입장에서 생각해주면 고맙겠다. 모든 의료 행위는 돈보다 생명을 우선해야 한다는 사실을 잊지 않았으면 하는 바람이다. 힘든 야간 진료는 싫고 그렇다고 환자도 빼앗기기 싫다는 것으로 느껴진다. 이 느낌이 틀렸으면 좋겠다. 정부 당국도 진료보조금 지원 현실화 등 경영난 완화를 위한 실질적 대안을 내놓는 것이 중요하다고 본다.

우리 집 근처에 달빛 어린이병원이 있는지 알고 싶은 분들은 응급 의료 포털사이트 www.e-gen.or.kr에서 검색을 해보면 된다. 이 사이트에서는 동네 병원, 응급실, 약국 등도 쉽게 검색해볼 수 있다.

제발
한 숟갈이라도 더

　모든 부모님의 바람 1순위는 자녀가 건강하고 튼튼하게 자라는 것이다. 이것에 이의를 제기하는 부모님은 없을 것이다. 자녀가 아기일 때에는 그저 잘 먹고 잘 자고 배변활동을 원활하게 하는 것이 가장 기쁘다. 나는 이 중에서도 잘 먹는 것이 특히 중요하다고 생각한다.

　아기들은 엄마의 젖이나 분유의 달달한 맛에 길들여져 있다가 이유식을 먹으면 거부 반응을 보이는 경우가 태반이다. 아기 입장에서는 무언가 익숙하지 못한 것이 입에 들어온다는 것, 그리고 씹는다는 행위 자체가 어색한 것이다. 이유식을 거부하고 심지어 뱉어내는 행동이 반복되면 엄마는 화가 난다. 아기가 잘 먹는 것만 봐도 배가 부른 것이 엄마 마음인데, 잘 먹지 않으면 괴로울 수밖에 없다.

　시온이 또한 여느 아기와 비슷하게 먹는 걸로 애를 먹였다. 그로 인해 아내는 스트레스를 많이 받았다.

　2.76Kg이라는, 조금 작은 몸무게로 태어난 시온이는 분유를 먹다가 8개월쯤부터 이유식을 시작했다. 이유식 전문 업체에서 주문한 미음부터 시작했는데, 처음에는 당연히 거부를 하면서 잘 먹지 않았

좌충우돌 아빠 육아

다. 먹으면 뱉어내고 또 먹으면 뱉어냈다. 그렇지만 아내는 독한 여자였다. 인내를 가지고 먹였다. 시온이와의 승부에서 이긴 것이다.

참고로 이유식 전문 업체가 굉장히 많이 있다. 처음에는 돈을 주고 이유식을 배달시켜서 먹는 것에 대해 굉장히 회의적이었다. 아무리 전문 업체라지만 어떻게, 어떤 과정으로 이유식을 만드는지, 재료에 뭐를 넣었는지 알 길이 없지 않은가? 그렇지만 아내의 수고를 덜어주려는 마음에 속는 셈 치고 이유식 배달 전문 업체에 주문을 했다. 경험을 해본 결과 괜찮은 점수를 줄 만했다. 다양한 재료들을 사용해 단계별로 만든 이유식을 배달해주니, 편하게 밥을 먹을 수 있었다. 식자재 가격이 만만치 않은데 계산기를 두드려 보니, 배달 업체 음식이 오히려 더 경제적이었다. 게다가 아내의 체력도 아낄 수 있었고, 스트레스도 덜 수 있었다. 나는 배달 업체를 이용해보는 것도 괜찮다는 결론을 내렸다.

물론 어려움이 없었던 것은 아니다. 다양한 반찬이 제공되어 좋았지만 시온이가 골고루 잘 먹지는 않았다. 사실 안 먹는 음식이 더 많았다. 혀에 고성능 감지기가 부착되어 있는지 시온이는 즐겁게 먹다가 인상을 팍 찌푸리면서 뱉어내곤 했다. 그러면 아내는 무섭게 인상을 쓰며 먹이려고 했다. 시온이는 엄마에게 순순히 백기를 들지 않았다. 아내는 스트레스를 받았고 열심히 일을 하고 돌아온 나에게 고스란히 쏟아 부었다.

시온이는 음식에 대한 호불호가 너무 확실했다. 고기, 생선구이, 카레, 계란 등은 먹는데, 나물을 비롯한 야채 반찬은 입에 넣었다가 자판기처럼 쑥 뱉어냈다. 환장할 노릇이었다. 이에 아내와 나는 인터넷에서 폭풍검색을 했다. 검색어 칸에 '아기 밥 잘 먹이는 방법'이란 검색어를 입력해서 여기저기 알아보았다.

카페에 글도 올렸다.

아기의 밥을 잘 먹일 수 있는 방법이 있나요?

질문에 많은 댓글이 달렸다. 댓글들을 보고 우리 부부는 안심했다. 시온이만 그런 게 아니었다. 밥을 잘 안 먹고 거부하는 아기들이 많이 있었다. 아기들은 원래 그렇다고 했다.

특히 눈에 띄는 댓글이 있었다. 그 댓글을 소개할 참인데, 절대 오해하지 않기를 바란다. 우리 부부처럼 아이에게 밥을 잘 먹이고 싶어 고민하는 부모님들을 위해 제품명과 제조사를 밝히는 것이다.

댓글에서는 조아제약에서 나오는 〈잘크톤〉을 추천했다. 나도 처음에는 잘크톤이 무슨 제품인 줄 전혀 몰랐다. 검색을 통해 알아봤더니 긍정적인 평가가 많아 냉큼 구매했다. 그런데 가격이 약국마다 천차만별이라고 한다. 가격이 사악하다고 해도 잘크톤을 써서 아이가 밥을 잘 먹을 수만 있다면 감수할 수 있었다. 잘크톤에 관한 내용들은 인터넷에 잘 나와 있으니 참조해보길 바란다.

혀에 고성능 감지기를 달고 있는 시온이는 잘크톤을 거부감 없이 잘 마셨다. 그 모습을 보면서 '이제부터 밥을 잘 먹을 거야' 하고 희망을 품었다. 시온이는 그 희망을 배반하지 않았다. 처음부터 엄청난 마법 같은 효과를 본 것은 아니지만 비교적 밥의 양도 늘어나고 반찬도 잘 먹게 되었다.

물론 잘크톤이 모든 아기에게 다 좋은 것은 아니다. 카페에 비교적 긍정적 효과를 본 사람들이 많았다는 것이다. 밥 잘 안 먹는 아기를 위해 한번쯤 시도해 볼 만한 방법으로 제안하는 것뿐이다.

아내는 잘크톤으로 홈런을 치고 싶었던 것 같다. 하지만 아무리 잘 치는 타자라도 매번 홈런만 칠 수는 없는 법. 시온이도 잘크톤을 마셨다고 해서 늘 밥을 잘 먹었던 것은 아니다. 그럴 경우 아내는 또 발을 동동 구르며 시온이와 실랑이를 벌였다. 아기와의 실랑이가 나와의 다툼으로 번지기도 했다.

"시온이가 굳이 안 먹으려고 하면 주지 마라. 시온이도 인권이 있데이."

내가 참견을 하자 아내는 이렇게 대꾸했다.

"잘 먹고 많이 먹어야 큰다. 잘크톤 먹었으니 더 잘 먹을 건데, 억지로 먹일 거다."

아기가 한 끼 잘 안 먹어도 어떻게 되는 것 아니라고 소아청소년과 의사들은 이야기한다. 그러니까 부모는 내려놓으라고 한다. 썩어 문드러지는 가슴을 부여잡고 울지 말고 화내지 말라고 한다. 아이가 왜 안 먹는지 관찰을 해보고, 그에 맞는 보상이나 행동을 할 수 있도록 유도를 해보라고 권한다.

일각에서는 아이가 밥을 먹을 때 텔레비전이나 스마트폰을 금지시켜야 한다고 주장한다. 물론 맞는 말이다. 하지만 융통성 있게 적용할 필요도 있다고 본다. 텔레비전이나 스마트폰은 일종의 타협점이 될 수 있다. 안 먹으려는 아기에게 엄마는 먹으라고 애걸복걸하고, 그러다 화를 내고, 이런 악순환을 반복하기보다는 타협점을 찾는 것이 좋다. 스마트폰을 보여주었더니 아기가 잘 먹는다, 그러면 이렇게라도 먹여야 하지 않겠는가? 아기에게는 무엇보다도 먹는 것이 가장 중요하다.

텔레비전이나 스마트폰이 아니더라도 다른 방법으로 잘 먹일 수 있다면 그 방법을 써도 무방할 것이다. 우리 시온이도 핑크퐁 영상이나 우리가 직접 찍은 본인의 영상을 틀어주면 엄청 잘 먹는다. 정말 감사한 일이다.

시온이는 2019년 현재 세 살, 지금도 여전히 음식과 전쟁 중이다. 아내는 먹이려고 하고 시온이는 거부하려 한다. 이제는 제법 컸다고 고집을 부리며 난리법석을 피운다. 그런 모습을 보면 짜증도 나지만 어쩔 수 없이 아빠미소가 그려진다.

힘들지만 보람찬 하루하루가 모여서 시온이와 몸과 마음이 더욱더 성장하기를 기대해본다. 언젠가는 푹푹 잘 먹어주는 날이 올 것이라는 희망을 품어본다. 희망조차 없다면 이 힘든 세상 어떻게 살아갈 수 있으랴!

좌충우돌 아빠 육아

4장

아빠 육아
펄살기

필살기란 사람을 죽이는 확실한 기술을 뜻한다. 하지만 통상적으로는 본인
만의 특별하거나 특이한 기술을 일컫는다.
육아에서도 필살기가 필요하다. 주 양육자가 아닌, 그래서 육아를 힘들어
하는 아빠들에게는 필살기가 더더욱 요구된다.
"아기 잘 키우셨네요. 너무 예쁘네요."
고생하며 육아를 하는데 그래도 이런 말을 한번쯤은 들어야 하지 않겠는
가? 그날을 위해 범상치 않은 필살기들을 소개하고자 한다. 이것을 익히
면 육아 능력이 상승할 것이다.

육아를 하다가
막히면

　우리나라가 인터넷 강국이 되면서 가장 좋아진 점은 바로 정보의 접근성 향상이다. 마음만 먹으면 정보를 쉽게 구할 수 있다. 모르면 검색하면 된다. 간혹 약간의 대가를 지불해야만 정보를 얻을 수 있는 경우도 있는데, 크게 부담되는 편은 아니다. 모르거나 혹은 게을러서 정보를 못 구할지언정 부지런만 떨면 얼마든지 유용한 정보를 얻을 수 있는 세상이다. 맛집, 데이트 장소, 패션 정보, 교통 정보 등 수많은 종류의 정보가 인터넷 세상에 즐비하다. 물론 잘못된 정보도 있어 낭패를 보기도 하여 감별의 능력이 요구되기도 하지만 여하튼 장점이 큰 것만은 사실이다.

　어떤 부모든 육아를 하다 보면 막히는 경우가 있다. 대가족 제도 아래 어르신들과 함께 살 때는 경험에 의존한 육아가 가능했다. 할아버지, 할머니의 경험이 곧 육아에 영향을 끼쳤다. 핵가족화가 이루어진 지금은 대개 아빠는 일을 가고 엄마가 주 양육자가 되어 아이를 키운다. 문제는 홀로 육아를 하다 보니 엄마들의 어려움이 많다는 것이다. 엄마도 육아가 처음인데 노련한 어르신들의 코치를 받지 못하니 실수나 잘못을 종종 저지른다. 그나마 다행인 것은 아빠들의 인식이 많이 전환되어 함께 육아를 실천하는 사례가 늘어나고 있다는 사실이다. 매스컴에서도 아빠의 육아 관련 내용들을 부각시키는 추세다 보니 아빠의 육아 동참은 점점 현실이 되고 있다.

"알아야 면장을 하지"라는 속담이 있다. 어떤 일이든 그 일을 하려면 그와 관련된 학식이나 실력을 갖추어야 함을 비유적으로 이르는 말이다. 육아도 마찬가지다. 아는 것이 없으면 육아는 힘들 뿐이다. 하지만 시대가 바뀌었으니 지나치게 걱정할 필요는 없다. 인터넷 검색을 통해서 어느 정도 해결할 수 있다.

나도 힘든 아내를 위해서 무언가 해주고 싶었고, 도와주고 싶었다. 그렇지만 아는 게 많지 않으니 도움에 한계가 있었다. 육아 선배들의 조언도 전적으로 신뢰하기는 어려웠다. 맨땅에 헤딩하는 식으로 육아를 터득해가는 수밖에 없었다. 다행히 나에게는 성격상 그게 맞기도 했다. 나는 누군가에게 질문을 하기보다는 혼자 힘으로 무언가를 구하고 알아보는 것을 좋아한다. 그래서 인터넷 검색에 많은 의존을 했다. 육아 관련해서 검색을 하니 여러 가지 정보가 좌르륵 나왔다. 고급 정보가 꽤 있었지만 저급 정보가 더 많았다. 믿을 수 있는 신빙성 있는 정보들이 부족한 편이었다. 그 정보들을 보면서 홀로 육아를 하고 있는 아내를 돕는 일이 역시나 어렵다는 것을 다시 한 번 실감했다.

아빠 육아 필살기

육아 관련 정보를 계속 검색하다가 우연히 괜찮은 웹사이트를 발견했다. 아빠들에게도 정말 유용할 것이라는 생각이 든다. 바로 고용노동부에서 운영을 하고 있는 '아빠넷'이라는 웹사이트이다. 웹사이트 주소는 다음과 같다.

http://www.papanet4you.kr/

포털사이트에서 '아빠넷'으로 검색해도 접속할 수 있다. 스마트폰으로도 검색 및 접속이 가능하다.

아빠넷은 블로그이다. 아빠의 당당한 선택, 아빠 육아 정책, 아빠육아 꿀팁, 아빠 육아 툰, 공지사항 및 이벤트 등 5개의 범주로 분류되어 있다(PC에서 접속했을 때와 스마트폰으로 접속했을 때는 약간 다르다). 아빠 육아와 관련된 다양한 정보가 정말 잘 나와 있다. 처음 접속을 해보았을 때가 떠오른다. 아빠넷의 다양한 정보대로 육아를 하면 나는 육아의 신이 될 수도 있겠다는 생각이 들었다. 그만큼 제대로 된 정보들이 제공되어 있다. 복잡하고 긴 글을 싫어하는 남성분들의 취향에 맞춰 간단명료하게 정리되어 있기도 하다.

나는 아빠 육아 꿀팁이라는 범주에서 많은 도움을 받았다. 스마트폰을 기준으로 아빠 육아 꿀팁을 터치해보면 하위분류로서 건강하게 키우기, 신나게 키우기, 똘똘하게 키우기, 이렇게 세 개가 나온다. 이중 신나게 키우기 부분을 보면 아이랑 같이 갈 수 있는 곳, 아이와 놀아줄 수 있는 방법 등이 나와 있다. 나는 아이와 놀아주는 부분을 평소 어렵게 생각했는데, 그 어려움을 많은 부분 해소할 수 있었다. 아빠넷이 어둠 속의 한줄기 빛처럼 느껴졌다.

물론 아빠넷의 정보가 모든 아빠들을 100퍼센트 만족시킬 수는 없을 것이다. 그렇지만 아빠넷을 둘러보는 것 자체가 육아를 위한 노력이며, 그 노력은 성과를 얻을 것이다. 아내에게 조금이나마 도움과 보탬이 될 것이다. 그것만으로도 얼마나 좋은 일인가? 육아에 도움을 주는 남편을 아내는 사랑하지 않을 수 없다. 사랑받는 남편이 되기 위해서라도 아빠넷을 해보자.

국가에서 이런 웹사이트를 만든 것은 행복한 가정을 꾸리기 위해 도움을 주는 것이라 생각한다. 직장일과 가정에서의 삶이 균등하게 이루어지도록 그리고 워라밸의 실현을 위해 국가에서 도와주려고 하는 취지 같기도 하다. 반드시 접속해서 육아와 관련된 고민 또는 궁금한 점을 해결을 해보길 바란다. 삶의 구원자를 만나는 느낌일 것이다.

아빠 육아 필살기

척하지 말고
진심으로

사람들은 '진심'이라는 단어를 좋아한다. 국어사전에서는 이 단어를 '거짓이 없는 참된 마음'이라 정의한다. 그런데 요즘 세상에 거짓이 없는 참된 마음을 가지고 세상을 살아가는 것이 쉽지 않다. 많은 사람들이 진심을 좋아하는 데도 불구하고 말이다.

인간관계가 좋은 사람들이 있다. 그들에게는 공통적인 특징이 있는데, 세 가지 정도로 추릴 수 있을 듯하다.

첫 번째로, 사람을 진심으로 좋아한다. 따지고 재지 않는다.

많은 사람들이 만남을 가질 때 계산을 한다. 그 만남이 본인에게 득이 될 것인지 해가 될 것인지 따지면서 사람을 가린다. 그러나 사람을 진심으로 좋아하는 이는 만남 자체를 좋아한다. 누구를 만나든 만남 자체에 의미를 두고 상대를 존중한다.

두 번째로, 대접받기보다는 대접하기를 좋아한다. 먼저 퍼준다.

심지어 퍼주지 못해서 안달을 하는 경우도 있다. 나보다 두 살 많은 형님이 있다. 형님은 공돈이 생길 때마다 비상금처럼 통장에 저축을 한다. 그래서 경조사가 생길 때, 친구가 힘들어할 때, 술 마시고 싶어 하는 후배나 동생들이 있을 때 아낌없이 그 돈을 소비한다. 형님을 모르는 사람들은 굳이 저렇게 돈을 쓸 필요가 있을까 생각한다. 돈을 쓴 만큼 무엇인가 돌아오기를 바라는 게 아닐까 색안경을 끼고 보기도 한다. 그렇지만 이 형님은 정말 사심이 없다. 손해를 본다고 해도 전혀 개의치 않는다. 그냥 자기가 좋아서 그렇게 돈을 쓰는 것이다. 그래서인지 형님에게는 오래된 친구, 인연이 많다. 형님이 더 대단한 것은 가족들한테도 잘한다는 것이다. 보통 친구나 지인에게 잘하는 사람들 중에는 가족에게 소홀한 사람도 있는데, 형님은 가족들도 살뜰하게 챙긴다. 멋진 형님이다.

세 번째는, 개인적으로는 가장 중요하다고 생각하는 특징이다. 바로 공감과 경청을 무척 잘한다는 것이다.

공감과 경청을 잘하는 사람들은 상대방이 기뻐할 때 박수 치고, 슬퍼할 때 위로한다. 한편 인간은 본능적으로 들으려 하기보다는 말하려 하는 심리가 있다. 따라서 공감과 경청을 하려면 배려가 바탕이 되어야 한다. 즉 공감과 경청을 잘하는 사람들은 타인을 배려할 줄 아는 이들이다.

인간관계가 힘들다면 이 세 가지 특징을 곰곰이 새겨보기를 바란다. 자신에게 무엇이 부족한지 세밀하게 짚어보자. 무엇보다도 가장 중요한 것은 글머리에 언급한 '진심'이다. 거짓이 없는 참된 마음으로

아빠 육아 필살기

다가간다면 인간관계는 두터워지고 끈끈해질 것이다. 잘해주는 척, 잘난 척, 대단한 척하지 말자. '척척척'은 버리고 진심을 품는다면 얼음장 같은 마음도 녹일 수 있을 것이다.

육아에서도 척하지 말고 진심을 다하는 것이 중요하다. 나는 육아 혹은 양육도 인간관계라고 생각한다. 아이와의 인간관계, 그것에 진심을 다해야 한다. 놀 때도 진심으로 놀아야만 아이가 행복해진다. 진심이 빠지면 아이는 부모가 억지로 놀아준다는 것을 귀신같이 알아챈다. 특히 아빠라면 더욱 열심히 놀아주자. 아빠와 잘 어울리고 아빠와 함께 잘 노는 아이들이 비교적 사회성이 뛰어나다고 한다.

친한 형님이 나에게 해준 주옥같은 조언이다.

"내가 바빠서 아이들과 잘 놀아주지 못했는데, 그 시기가 지나니까 후회가 되더라. 왜 그렇게 성공과 돈에 목숨을 걸었는지. 다시 그 시절로 돌아갈 수만 있다면 정말 잘 놀아줄 수 있을 것 같은데. 지금은 아이들과의 사이가 데면데면해. 사춘기라 더 그런 것 같기도 하고. 태욱이 너도 지금 시온이랑 잘 놀아줘. 멋진 아빠로 시온이 기억에 남을 거야."

조언을 듣고 난 뒤 시온이와 함께하는 시간이 더욱 소중하게 느껴졌다. 진심으로 잘 놀아주고 함께해야겠다는 다짐이 들었다.

한편 아이들과 대화할 때에도 진심은 철칙이다. 진심이 담기면 거짓이 아닌 진실을 말하게 된다. 아이들은 진실 있는 대화에서 사랑을 느낀다. 아는 척, 아닌 척하는 것은 결국 아이와의 소통에 장애가 된다. 아이들의 눈높이에서 진심으로 소통하는 부모가 되었으면 한다.

부부끼리도 진심을 다하자. 먼저 말로써 진심을 표현하는 것이다. 진심 어린 위로나 격려 한마디가 사실 어려운 것은 아니다. 세 치 혀를 배우자를 위해 쓰는 것은 가치 있는 일이다. 또한 남편이든 아내든 너무 강한 척하지 말았으면 좋겠다. 힘들면 표현하고, 울고 싶을 때 울고, 그때 손수건 한 장 건네줄 수 있는 남편, 아내가 되었으면 하는 바람이다.

인간관계가 좋은 사람들의 세 가지 특징을 부부 사이에도 적용해보자. 진심으로 배우자를 사랑하고, 먼저 대접하고, 공감과 경청을 해주는 부부가 된다면 그 가정에는 행복이 저절로 피어날 것이다. 검은 머리 파뿌리 되도록 평생 사랑할 수 있을 것이다. 대한민국에 이런 부부, 이런 가정이 많아졌으면 좋겠다. 정말 좋겠다. 그러면 대한민국도 더욱 건강해질 것이다.

마무리까지
깔끔하게

이직을 하는 직장인에게는 성실한 근무태도와 깔끔한 뒷마무리가 필수라는 신문기사를 본 적이 있다. 또한 기업 10곳 중 4곳은 경력직원 채용시 평판조회를 하는 것으로 나타났다. 채용이 거의 확정된 상태에서 평판조회 결과 때문에 입사를 보류시켰다는 응답도 절반에 달했다. 즉 이직을 할 때 인수인계 및 관련 업무를 잘 마무리 짓고 퇴사를 해야 된다는 이야기이다. 일을 정말 잘하는 사람은 뒷마무리까지 완벽한 사람이라고 한다. 업무에서 최고의 성과와 실적을 냈더라도 뒷마무리를 흐지부지한다면 인정을 받기 어렵다.

시온이가 두 돌을 막 넘겼을 무렵이었다. 직장에서 몸과 마음을 바쳐 열심히 일하고 있을 때 아내에게 카톡 메시지가 날아왔다.

　　아내: 너무 힘들다. 시온이가 왜 이렇게 힘들게 하노?
　　나: 우짜겠노? 많이 힘든가배? 그냥 힘들어도 참고 해야지. 집에
　　　　가서 내가 많이 도와줄게.

극도의 인내와 체력을 요구하게 만드는 장본인 하시온. 본인의 욕구대로 행동해야 하는 시온이는 엄마가 그것을 제지할 때 울면서 난리를 친다. 아내는 그런 시온이와 전쟁을 치르는 기분이라고 한다. 나는 한국전쟁을 경험하지는 않았지만, 아내와 시온이의 전쟁은 한국전쟁만큼 치열한 것 같다. 그만큼 아내가 힘들다는 이야기이다. 특히 아들 육아를 경험해본 분들은 이 상황을 충분히 짐작하고도 남을 것이다. 울음, 고집, 떼쓰기. 이 3종 세트는 여자아이에 비해 상대적으로 남자아이가 많이 가지고 있다. 때문에 아들 키우는 엄마들은 우리 아내를 비롯해 많이들 힘들어한다. 오죽하면 육아하다가 영혼이 탈탈 털린다고 하겠는가? 많은 엄마들이 남편이 퇴근할 시간만을 눈알 빠지게 기다리는 이유가 다 있는 것이다. 아내에게는 남편의 도움이 절실하다.

나 또한 그 고난을 잘 알기에 될 수 있으면 정확하게 칼퇴근을 하려고 노력한다. 퇴근 후 함께 육아를 하려고 기를 쓴다. 놀아주고, 씻기고, 드라이브 시켜준다. 시온이는 차를 타는 것을 엄청 좋아한다. 다른 집 아이들은 카시트에 앉는 것을 무척 싫어한다는데, 시온이에게는 다른 나라 이야기다. 처음에 한두 번쯤의 거부는 있었지만, 이제는 카시트에 태워주면 바로 잇몸이 만개한다. 딱히 정해진 코스는 없지만 매일 30분씩 드라이브를 하고 집으로 돌아오면 순한 양이 된다.

나는 집안일도 열심히 하려고 노력한다. 쓰레기 분리수거, 청소, 설거지 등을 묵묵히 해낸다. 그중에서도 설거지를 자주 하는 편이다. 아내는 설거지 하는 것을 별로 좋아하지 않는다. 퇴근 후 나와 같이 밥을 먹고, 시온이에게 밥을 먹이고 나면 피곤해서 설거지가 귀찮아진단다. 그 마음을 십분 이해하기에 나는 주저하지 않고 고무장갑을 낀다. 수세미에 세제를 묻혀서 그릇들을 삭삭 닦다 보면 많은 생각들이 오고 간다. 직장 업무, 책을 보면서 깊은 인상을 받은 좋은 글귀들, 노래 가사들, 부모님과의 통화……

혼자서 조용히 사색하는 것을 좋아하는 나에게 설거지는 나 자신을 되돌아보는 시간이기도 하다. 짧은 시간이지만 설거지를 하면서 반성을 하고, 다짐을 하고, 새로운 계획도 세운다. 이런 장점이 있기에 몸이 노곤하지만 설거지를 도맡아서 하는 편이다. 그릇들이 뽀얀 살색을 드러낼수록 밥알 찌꺼기와 음식 찌꺼기들이 저 멀리 사라지면 기분이 좋아진다.

"여보, 나 다했다. 한번 봐라."

설거지를 마치면 아내에게 보고를 한다. 아내는 남편의 수고에 웃음을 보이면서 검열에 들어간다. 그러나 종종 악평을 내린다.

"여보, 수고는 했는데 이거 봐라. 행주로 싱크대 물기를 잘 안 닦았네. 제대로 물기를 닦아야지. 그래야만 설거지가 마무리된 거다. 알겠제?"

집안일 외에 내게 주어진 주요 역할 중 하나는 시온이와 놀아주기이다. 시온이는 소리 나는 장난감을 무척 좋아한다. 그래서인지 공기청정기 버튼을 누르면 나오는 소리에도 웃곤 한다. 굴러가는 공을 만지고 돌리는 것 또한 좋아한다. 반면 진득하게 앉아서 책을 읽거나 그림을 그리거나 색칠하는 것 등은 좋아하지 않는다. 그렇다 보니 시온이와 놀려면 무조건 '움직여야' 한다. 장난감에 질려 하면 빈 택배박스에 태워서 끌어주기라도 해야 한다. 그때 깔깔깔 넘어가는 모습에 힘든 마음은 온데간데 없어진다. 피곤한 내게 에너지와 엔도르핀을 선사한다. 시온이의 웃는 모습에 희한하게도 호랑이 힘이 솟아난다.

아빠와 30분가량 놀고 나면 시온이는 저녁밥을 먹게 된다. 그런데 아내의 표정이 변한다. 나는 귀신같은 센스로 무엇인가 잘못된 것을 발견한다. 사운드 볼이나 자판기 장난감이 널브러져 있다. 나도 '한 깔끔' 하는 성격이지만, 아내는 깔끔함으로 따지면 초고수의 경지에 이른 사람이다. 청결주의자까지는 아니지만 반듯하고 깔끔하게 정돈되어 있는 것을 좋아한다. 무언가 널브러져 있는 것을 보면 그냥 지나가지를 못한다. 결국 아내의 표정을 되찾기 위해 나는 깔끔하게 뒷정리를 한다.

저녁밥을 먹은 시온이의 다음 스케줄을 목욕과 취침이다. 하지만 대부분은 '놀기'가 또 그 사이에 끼어든다. 그때쯤이면 피곤에 지친 나는 스마트폰의 힘을 빌려 동영상을 틀어준다. 그렇게 하루를 실컷 즐긴 시온이는 스르르 잠에 빠져든다. 그제야 비로소 우리 부부는 '육아 퇴근'을 한다.

아내는 시온이가 잠들고 나면 TV를 보거나 핸드폰을 만지작거린다. 그러다가 시온이 곁에서 잠을 잔다. 나는 아이가 잠든 사이 또 여러 가지 상념에 젖는다. 오늘 직장에서 있었던 일들, 잘한 것, 못한 것, 개선해야 할 것, 앞으로 해야 할 것 등을 정리하며 하루를 마무리한다.

　　　　　　　　　　　　　　　아빠 육아 필살기

매사 철저한 계획까지 세워가면서 멋지게 시작을 잘하는 사람들이 있다. 하지만 말미쯤에 깨끗하게 끝을 맺지 못하고 흐지부지해버리는 사람들 또한 있다. 시작도 중요하지만 끝을 잘 맺는 것 또한 중요하다.

육아도 예외가 아니다. 혹시 '아기 잘 키워야지' 하고 마음먹었던 초심을 지금 잃어버리지는 않았는가? 물론 육아라는 것이 직장 업무처럼 끝이 딱 정해진 것은 아니지만 마지막까지 깔끔하게 마무리하겠다는 마음으로 임해야 한다. 하루하루의 육아를 그와 같은 마음으로 해나가야 한다. 그런 육아를 하는 부모는 멋진 부모다.

생색내지 말자

"여보, 나 오늘 회사에서 회식한단다. 저녁 먹고 들어갈 테니까 신경 쓰지 마라."

"아, 하루 종일 아기 본다고 힘들었는데, 갑자기 웬 회식이고. 그냥 빠지면 안 되나?"

"그런 게 어딨노? 나는 뭐 안 힘드나? 회식도 업무의 연장이다. 회식 빠졌다간 무슨 소리 들으려고. 밥만 먹고 최대한 빨리 갈게. 조금만 참아도."

"그럼 최대한 빨리 온나. 나 힘들다."

실제로 아내와 내가 나눈 대화이다. 이따금 우리 부부는 이런 대화를 나눌 상황에 처한다. 내가 직장생활을 하는 한 어쩔 수 없다. 아들 시온이가 남자아이답게 활발하고 건강하게 자라는 한 끊어질 수 없는 대화다.

시온이가 쉴 새 없이 움직이는 탓에 아내는 힘들어한다. 혼자서는 감당이 안 되어 나의 도움을 간절히 바란다. 내가 시온이를 맡아야만 본인은 한숨 돌릴 수 있는 여유를 가질 수 있다. 아내는 내가 집에 오면 육아의 바통을 나에게 넘기고 싶어 한다. 많은 아내분들이 나의

아빠 육아 필살기

아내와 같은 마음일 것이다.

반면 많은 남편들이 조직생활의 일환으로 회식에 참여할 때 미안함을 품는다.

'힘든 아내를 도와주지 못해서 미안하네.'

물론 회식을 핑계로 육아에서 하루쯤 벗어날 수 있어 '아싸' 하고 기쁨의 감탄사를 터뜨리는 남편들도 있을 것이다. 사실 내가 그 남편이었다. 가끔은 아내에게 육아를 맡기고 술 한 잔에 시름을 털어낸 뒤 대리운전을 불러 집으로 오고 싶었다.

회사 생활을 하는 사람이라면 누구나 한 번쯤 회식에 참석한 경험이 있을 것이다. 회식 자리에서는 보통 술잔과 함께 많은 이야기들이 오고 간다. 단합을 위해 건배도 수차례 치러진다. 나의 회식 자리의 풍경도 크게 다르지 않다.

위와 같은 대화를 나눈 그날, 나는 회식을 마치고 약간 알딸딸한 상태로 집에 돌아왔다. 평소보다 늦게 왔는데도 아들은 재미있게 놀고 있었다. 아빠를 보고 뛰어오는 모습에 행복을 느꼈다. 그런데 그 행복을 뚫고 아내가 무자비한 공격을 퍼부었다.

"여보, 왜 술 마셨노? 일부러 시온이 보기 싫어 그랬던 거제?"

기분이 좋은 상태라 아내의 무자비한 공격에 그저 웃기만 했다. 하지만 공격이 계속되자 급기야 나도 뚜껑이 열리고 말았다.

"너 사회에서 일 안 해봤나? 처녀 때도 일 해봤잖아? 회식도 많이 했을 텐데, 왜 그걸 이해 못 해주노? 와, 짜증나네. 술 약간 마시고 돌아온 거 가지고 엄청 사람 괴롭히네."

차마 글로 표현하기 힘든 육두문자가 섞인 설전을 벌였다. 물론 시온이가 옆에서 듣고 안 좋은 영향을 받을 수 있기에 보이지 않는 곳에서 싸웠다.

아내의 입장을 정리하면 다음과 같다.
- 육아는 힘든데, 왜 나 혼자 희생과 고생을 해야 하는가. 좀 도와 달라.
나의 입장을 정리하면 이러하다.
- 나도 회식만 아니면 도와주고 싶다. 평소 안 도와준 것도 아닌데, 혼자 희생과 고생한다고 생색내지 마라. 제발 좀.

아내의 입장만 들어보면 나는 천하의 때려죽일 놈이 된다. 나름 평소에 잘 도와준다고 자부했는데, 모르는 사람이 들으면 나는 육아에 전혀 관심 없는 나쁜 아빠인 줄 알 것이다.

가끔 내가 당직 근무를 설 때 나의 어머니 혹은 장모님께 용돈을 드리면서 아내를 조금 도와달라고 부탁을 드린다. 시온이는 다람쥐처럼 활발한 아이이기에 아내는 물론 할머니들도 힘들어한다. 장모님은 자녀를 넷이나 키우셨지만 시온이를 보고 나면 가끔 링거를 맞으신다고 한다. 그만큼 시온이는 힘든 존재다. 이것을 잘 알기에 나는 최대한 함께 육아를 하려고 애를 쓴다. 퇴근 후의 함께 육아를 위해 노력하는 것은 물론 주말에는 아내와 시온이를 위해 시간을 할애하려고 노력한다. 외부 행사나 강의 의뢰가 들어와도 힘든 아내를 위해 시온이가 대략 다섯 살 정도 될 때까지는 보류를 하려고 한다.

하지만 먹고 사는 것도 중요하기에 가끔 행사를 나갈 수밖에 없다. 순전히 가족을 위해서다. 회식에 참여하는 것도 같은 마음에서다. 나의 이런 깊은 마음도 모르고 아내는 힘들어 죽겠다고 앓는 소리를 한다. 앓는 소리 하는 모습을 보고 있노라면, 황정민, 유아인 주연의 〈베테랑〉이라는 영화가 생각이 난다. 그 영화에서 유아인의 명대사가 나온다.

"맷돌 손잡이 이름이 뭔지 아세요? 이걸 어이라고 해요. 근데 이 맷돌을 돌리다가 손잡이가 딱 빠진 거야. 정말 웃기지 않아요? 아무것도 아닌 맷돌 손잡이 하나 때문에 내가 할 일을 못하는 거지. 아무것도 아닌 이 맷돌 손잡이 때문에. 이걸 어이가 없다고 해요. 그런데, 지금 내 기분이 그래. 어이가 없네?"

정말 내가 아내에게 해주고 싶은 말이다.

"어이가 없네."

"오른손이 한 일을 왼손이 모르게 하라"라는 성경 말씀이 있다. 선한 행동을 하는 목적이 과시하거나 칭찬받는 데 있어서는 안 된다는 말이다. 생색내지 말자는 뜻으로도 받아들일 수 있다.

나는 뜨겁게 사랑하는 나의 아내가 솔직히 생색을 내지 않았으면 하는 바람이다. 아내가 힘들어 죽겠다고 우는 소리를 할 때 내 귀에는 이런 말이 들린다.

"내가 열심히 하고 있다. 그러니 당신은 아빠로서 당연히 도와줘야 한다."

생색을 내는 것으로 느껴진다. 그러지 않아도 열심히 함께 육아를 하려는 나에게.

아내들도, 남편들도 다 같이 생색내지 말자. 생색내봐야 서로만 힘들어질 뿐이다.

아내는 아이를 돌보고, 남편은 사회생활을 한다. 둘 다 힘들다. 그러므로 각자 맡은 바 최선을 다해야 한다. 본인이 이만큼 했으니, 그만큼 해달라는 것은 어린아이 같은 행동이다. 성숙하지 못한 마음이다. 물론 한두 번쯤은 애교로 봐줄 수도 있겠지만 너무 과도하게는 하지 말자. 아이는 부부의 사랑의 결과로서 탄생한 작품이고, 이 작품을 최고의 걸작으로 만들기 위해서는 엄마, 아빠의 협력이 필요하다. 오늘도 웃으면서 멋진 육아를 위해 으라차차 해보자.

아빠는
육아의 MC

나는 사회복지사이다. 그런데 미혼 시절부터 사회복지사라는 직업 외에 다른 직업도 가지고 있었다. 많은 것을 경험하고 느껴보고 싶은 마음이 간절했기 때문이다. 한편으로는 요즘 세상 한 가지 직업으로는 경제적 만족을 얻기 힘든 세상이라고 생각했다. 무엇보다 결혼을 하고 아기가 생기면 들어가는 비용이 많다는 것을 알고 있었다. 먼저 결혼한 육아 선배들이 돈으로 인해 부부끼리 갈등을 겪는 장면을 많이 보았다. 이러한 이유들 때문에 돈을 벌고 싶었다. 돈을 사랑한 것이 아니라 그냥 돈을 벌고 싶었다. 그래서 제2의 직업을 가지게 되었는데, 바로 강사와 MC였다.

사회복지사로 일을 하기 전 웃음치료사와 레크리에이션 진행자 자격증을 취득했다. 사회복지사 일을 하게 되면 어르신들과 장애인들에게 즐거움을 선사해드리고 싶어서였다. 또한 남들을 즐겁게 해주는 재능이 있어 돌잔치, 결혼식, 운동회, 동창회, 송년회 같은 각종 행사에서 마이크를 잡곤 했다. 지금도 가끔 결혼식이나 돌잔치 MC로 활동하고 있다.

MC 초보 시절에는 너무 잘하려는 욕심에 혼자 신나서 떠들어대고 흥을 돋우곤 했었다. 지금 생각해보면 잘못된 행동이었다. 흥을 돋우는 것은 맞지만, 주인공은 엄연히 내가 아니라 행사 의뢰자였다. 주인공을 더욱 즐겁고 행복하게 만드는 데 초점을 맞추는 것이 당연했다. 하지만 내가 모임의 주인공인가 싶을 정도로 혼자 오버를 한 적이 많았다. 가끔 그 열정을 생각하면 웃음이 나곤 한다.

육아도 MC와 주인공의 관계로 해석할 수가 있겠다.

'어떻게 놀아줘야 할까?'

시온이가 점점 성장하면서 생긴 나의 가장 큰 고민거리였다. 신생아 시절부터 첫돌이 되기 전까지는 보통 아기들이 그렇듯 움직임이 미미했다. 동적이기보다는 정적이었다. 그냥 아프지 않고, 잠만 잘 자면 그것만으로도 감사했다. 놀아준다는 개념보다는 케어의 개념이 강했다.

개인차는 있지만 태어난 지 1년이 지나면 아기들은 걷기 시작한다. 그리고 두 발로 세상을 탐험하기 시작한다. 탐험하면서 왕성한 호기심이, 자아가, 고집이 생긴다. 시온이가 딱 그랬다.

시온이는 다른 아기들보다 조금 늦은 19개월부터 걷기 시작했다. 그전에는 장난감을 이용해서 소소하게 놀아주면 그만이었다. 그렇지만 걷기 시작하니 고집도 생기고, 스스로 무엇인가를 하고 싶어 했다. 변화한 시온이와 어떻게 놀아줄까 자연스레 고민을 하게 되었다.

고민을 거듭하면서 인터넷 정보를 찾아보고, 관련 서적도 찾아 읽었다. 그 결과 얻은 답은 아이와 몸으로 놀아주라는 것이었다. 특히

아빠 육아 필살기

아들들은 굉장히 활발하기 때문에 아빠의 도움이 절대적이라는 정보를 접하게 되었다. 아들과 함께 몸으로 활동하면서 놀아주는 것이 최고의 놀이법이었다. 일하고 집에 오면 피곤하지만 최고의 놀이법을 등한시할 수는 없었다.

명심해야 할 점은 아빠와 아이가 함께 놀 때 아이가 주인공이 되어야 한다는 것이다. 내가 행사에서 MC를 볼 때 마치 주인공 행세를 했듯이 아빠가 주인공이 되어서는 곤란하다.

나도 그 점을 명심한 채 시온이와 시계추 놀이라는 것을 해보았다. 아이를 들어서 시계추처럼 좌우로 흔들어주는 놀이이다. 내가 좌우로 흔들어주니 시온이는 흥에 겨워 양발을 힘껏 차내기도 했다. 이어지는 놀이는 김밥 놀이였다. 이불을 펴놓고 김밥처럼 말면 된다. 시온이와 나는 그렇게 김밥이 되려고 함께 바닥을 굴렀다. 시온이가 신나게 웃었고, 그 웃음소리에 하루의 피로가 싹 가셨다. 이들 놀이의 주인공은 시온이였다. 나는 시범만 한 번 보이고는 시온이가 주도적으로 참여할 수 있도록 유도했다.

혹시 유독 승부욕이 강한 아빠라면 아이와 놀 때 주의해야 한다. 어른인 아빠는 당연히 인지능력이 높으니 아이보다 잘할 수밖에 없다. 그러므로 아이를 월등히 앞서는 행동은 자제하는 것이 좋다. 대관절 무슨 영광을 누리겠다고 아이에게 이기려고 하는가? 아이와 함께하는 것이 중요하다.

아이가 잘 못한다고 해서 지나치게 가르치려고 하는 행동도 금물이다. 그 순간 아이는 흥미를 잃고 만다. 놀 때는 그냥 놀면 된다. 아이가 잘하든 못하든 박수를 많이 쳐주는 것이 좋다. 그렇게 아이를 주인공으로 세워주어야 한다. 주인공이 된 아이는 아빠와의 놀이를 통해 자신감이 높아지고 사회성도 발달한다.

시온이는 나랑 몸으로 노는 것은 좋아했지만 진득하게 앉아서 무엇인가를 하는 것은 좋아하지 않았다. 돌아다니면서 이것저것 만져보는 것을 좋아했다. 이러한 성향을 알게 된 나는 주말이나 쉬는 날엔 가까운 공원, 놀이터, 운동장 등에 갔다. 그곳에서 계속 걸을 수 있도록 했다. 시온이는 지칠 법도 한데 1시간 넘게 걸어도 끄떡없었다. 남자아이들은 에너자이저라는 말이 맞았다. 아내와 내가 시온이 뒤를 따라다니느라 먼저 지쳤다. 하지만 돌발 상황을 우려하여 힘을 낼 수밖에 없었다. 우리의 주인공 시온이를 위한 일이니까 힘들어도 즐거운 마음으로 할 수 있었다.

아이랑 놀아주기가 사실 쉬운 일은 아니다. 일단 몸이 힘들다. 놀아주려고 해도 방법을 모르거나, 혹은 시간이 없어서 실천을 못할 수도 있다. 여하튼 가장 중요한 것은 아이에 대한 사랑이다. 놀기에 서툴러도, 짧은 시간이라도 사랑으로 아이와 함께 놀아준다면 분명 아이는 아빠를 100점짜리 아빠라고 생각할 것이다.

이 글을 쓰면서 나는 몇 점짜리 아빠일까 궁금해졌다. 아이가 말이 좀 더 늘면 꼭 물어봐야겠다.

"시온아, 아빠 몇 점이고?"

일등공신
육아용품

아내는 2017년 1월 3일 제왕절개로 출산을 했다. 수술이기 때문에 아내와 나는 긴장할 수밖에 없었다. 수술 날짜가 다가올수록 염려가 되었다. 하지만 모든 것을 하늘에 맡기기로 했다. 내려놓기로 했다. 대신 즐겁고 긍정적인 생각을 하면서 하루하루 지내기로 마음을 먹고 출산에 관한 물품들을 준비하기 시작했다.

육아 선배들, 인터넷 검색 등을 통해서 출산과 관련된 물품들을 조사했다. 속싸개, 젖병, 젖병소독기, 겉싸개, 기저귀 등 얼핏 봐도 수십 개가 넘었다. 머리가 복잡해져서 출산용품 리스트를 만들었다. 리스트의 물품 항목들을 하나하나 체크하면서 아내와 아기용품점으로 즐겁게 쇼핑을 다녔다.

가끔 점원이 권유하는 것도 리스트에 첨가했다. 그랬더니 리스트의 물품 항목이 40개에서 45개로 늘어났다. 잘 따져보고 꼭 필요한 것만 사야 할 상황이 된 것이다. 그런데 나에게 지름신이 강림했다. 나에게는 한 번도 나타나지 않았던 그 무서운 신이 홀연히 찾아온 것이다. 지름신의 지시대로 출산용품을 사들였더니 150만 원 가까운 돈이 훌쩍 나가버렸다. 하루 만에 6개월 할부로 신용카드를 시원하게 긁어버리기도 했다.

행복한 마음으로 신용카드를 썼지만 이후 조금 부담이 되기는 했다. 하지만 어쩌랴. 아이의 행복을 위해서라면, 아내의 육아가 편할 수만 있다면 경제적 부담쯤은 이겨내야지! 나는 이렇게 스스로를 위로했다.

드디어 출산을 했다. 산후조리원에서 2주 정도 지낸 뒤 집으로 돌아오면서부터 본격적인 육아가 시작되었다. 미리 사서 쟁여둔 출산용품이 많은 도움이 되었다. 첫 번째 도우미는 유축기였다. 아내가 젖이 잘 안 나와서 유축기와 유방마사지를 통해 젖이 나올 수 있도록 했다. 눈을 감고 엄마 젖을 빨아먹는 시온이, 아기에게 애정을 담아 젖을 먹이는 아내, 그들을 행복한 눈으로 지켜보는 나. 그야말로 평안이었다. 세게 빨고 나면 가슴이 아플 법도 한데 모성애로 인해 아픔은 아무것도 아니었다.

하지만 유축기의 도움을 받아도 아내는 생각보다 젖이 잘 나오지 않았다. 또한 좋은 젖이 나오게 하려면 좋은 음식을 잘 먹어야 하는데 아내는 인스턴트 음식을 좋아했기 때문에 이로 인한 스트레스도 생겼다. 그래서 결국 한 달쯤 지나서 모유 대신 분유로 대체했다. 이때 젖병소독기가 유용하게 쓰였다. 물론 젖병을 고온의 물에 삶을 수도 있지만 시간이 제법 걸리고 번거롭기 그지없었다. 젖병소독기는 그 시간과 번거로움을 한결 줄여주었다. 젖병소독기 구매해둔 것이 마치 신의 한 수처럼 느껴졌다.

사실 미리 준비해둔 출산용품 중에는 굳이 안 사도 됐을 법한 용품도 있었다. 그래도 사전에 잘 갖추어두니 첫째 육아가 편했고, 둘째 마음이 편했다. 따라서 출산용품을 지혜롭게만 구매한다면 많은 도움을 받을 수 있을 것이다.

시온이가 점차 커가면서 불필요해진 물품들은 버리거나 나눠주었다. 그리고 성장 속도에 맞춰 새로운 물품을 구매하기 시작했다. 출산용품이 아닌 육아용품 구매에 들어간 것이다.

"옛날에는 그런 것 없어도 잘만 키웠어. 유별나게 너네들만 그러노?"

주변 어른들 중에는 이렇게 간섭을 하는 분들도 계셨다. 하지만 옛날과 지금은 환경이 다르다. 옛날에는 가족과 이웃의 돌봄을 받을 수 있는 환경이 갖추어져 있었으나, 지금은 그렇지 못하다. 따라서 다양한 용품들로 육아 환경을 조성할 필요가 있다. 전쟁터에 나가는 군인들이 총이 없다면 패배는 불 보듯 뻔하다. 육아용품이 없다면 육아라는 기나긴 전쟁에서 패배할 것만 같았다. 너무 비약이라고 생각할 수도 있겠지만, 나와 아내의 입장에서는 그랬다.

시온이가 신생아였을 때가 기억난다. 엄마와 잠시라도 떨어지는 것을 싫어해서 아내는 화장실에 갈 때조차 아기띠를 매고 시온이와 동행했다. 그런 아내가 안쓰러워 보였다. 아내에게는 시온이의 주의를 돌릴 무엇인가가 필요했다. 그래서 구매한 것이 있었다. 바로 바운서였다. 잠시나마 아기를 자리에 가만히 눕힌 상태로 두어야 할 때가 있는데, 바운서가 그 역할을 잘 감당했다.

바운서를 비롯한 많은 육아용품들이 육아를 하는 데 도움이 되었다. 우리 부부는 동일한 결론을 얻었다.

─육아용품을 사는 데 돈 아끼지 말자!

물론 절약하면 좋지만, 다른 것을 안 사면 그만이었다. 조금 쪼들리긴 해도 육아용품에 투자한다고 해서 사는 데 큰 지장은 없었다.

육아용품 덕에 몸을 혹사시키지 않으니 아내는 시온이와 놀 수 있는 힘을 얻었다. 아내의 몸이 축나면 결국은 나에게 영향이 왔다. 그러니 나 역시 육아용품 덕을 톡톡히 본 수혜자이다. 이 점을 아빠들은 눈여겨보기 바란다. 돈을 조금 아끼고 아내의 스트레스를 감당할 것인가, 돈을 조금 쓰고 아내의 스트레스에서 벗어날 것인가! 쓸데없이 과도한 육아용품을 사는 일을 지양해야 하는 것은 당연하다. 그러므로 육아용품에 대해 지혜롭게 소비해야 한다. 그 지혜가 아빠를 살리고, 엄마를 살리고, 가정을 살린다.

구매가 부담스럽다면 대여하는 방법도 있다. 인터넷을 검색하면 출산 및 육아용품 대여업체를 찾을 수 있다. 대체로 3개월 정도 합리적인 가격으로 빌리는 것이 가능하다. 설치 및 수거도 알아서 해주니 크게 신경 쓸 것이 없다. 내가 경험한 바로는 대여도 해볼 만하다.

육아용품도 아나바다 운동처럼 아껴 쓰고 나눠 쓰고 바꿔 쓰고 다시 쓰면 좋겠다는 생각을 해보았다. 그러다 우연히 '당근마켓'이라는 어플리케이션을 알게 되었다. 당근마켓에서는 본인이 살고 있는 집

근처의 엄마들이 저렴한 가격으로 올려놓은 육아용품과 생활용품을 만나볼 수 있다. 택배를 이용한 거래도 이루어지긴 하지만, 직거래가 원칙이기 때문에 물건을 직접 눈으로 보고, 만져보고 구매할 수 있다. 시온이 장난감의 삼분의 일은 당근마켓에서 구매했다. 혹시 당근마켓을 모르는 엄마 아빠들이 있다면 얼른 어플리케이션을 설치하기 바란다. 후회하지 않을 것이다.

　육아용품은 육아에 있어 정말로 일등공신이다. 다른 곳에 덜 쓰는 한이 있어도 육아용품을 사겠다는 마음은 변하지 않을 것 같다. 여러분은 어떤 선택을 할 것인가?

자식농사는
사랑으로

1999년 11월경(정확한 날짜는 기억이 안남), 두터운 외투 차림에 장갑까지 끼고 긴장감 속에 고시장으로 향했다. 서기 2000년 대학 수학능력시험을 치르는 날이었다(나는 2000학번이다). 수학능력시험을 치르는 날은 희한하게도 번번이 추웠던 걸로 기억한다. 겨울이 다가와서 그러기도 했겠지만, 무척 긴장한 탓에 마음이 더 추웠으리라. 해질 무렵까지 교실이라는 네모난 공간 속에서 시험 문제와 벌이는 싸움은 그야말로 사투다. 이 사투에서 이기면 나의 인생이 바뀔 수 있다는 믿음 하나로 버텨야 한다.

수학능력시험을 무사히 치르고 나자 몸과 마음이 무장해제 되어버렸다. 결과가 좋든 나쁘든 겸허하게 받아들이고 싶었다. 노력한 대로 나올 것이라 생각했다. 약 한 달 후에 나올 결과를 신경 쓰고 싶지 않았다. 그러나 보상심리까지 누를 수는 없었다. 초등학교부터 시작된 제도권 교육의 운동장에서 오로지 대학을 위해 달려온 12년을 보상받고 싶었다.

평소 나는 수능을 치르고 나면 조금 달리 살아보자 꿈꾸고 있었다.

그래서 시험이 끝난 다음 날 바로 머리 염색을 하고, 교과서와 참고서를 후배들에게 물려주거나 버려버렸다. 용돈을 벌기 위해 서빙 아르바이트도 시작했다. 나중에 내 힘으로 번 돈을 손에 쥐었을 때 비록 큰돈은 아니었지만 스스로가 너무나 자랑스러웠다. 아껴 쓰자고 다짐도 했다. 하지만 다짐은 다짐에 그칠 뿐이었다. 나는 아르바이트비를 계획 없이 소비하다가 일주일이 채 되기도 전에 써버렸다. 한번만 그랬던 게 아니라 여러 번 그랬다.

돈이 금방 나가는 주요 원인은 술이었다. 특히 친구를 만나면 꼭 술을 입에 대게 되었다. 아무것도 모르고 처음 마셨을 때는 무슨 맛인가 싶었다. 하지만 희한하게도 기분이 좋아지고 웃음이 많아지자 연거푸 술을 찾게 되었다. 술로 인해 변화하는 내 모습이 신기했다. 술이 적어도 나에게는 신박한 아이템이었다. 나는 그 참신한 아이템을 일주일에 서너 번 정도 찾았다.

다행히 합격 소식이 날아왔다. 그러자 본격적으로 보상심리가 발동한 것일까? 대학에 입학해서도 술을 마시는 일은 줄어들지 않았다. 앞서 밝혔지만, 그러다가 아버지에게 한소리 듣기도 했다. 나는 아버지도 마시면서 왜 못 마시게 하냐고 대들었고.

아버지는 술을 드시면 가끔 가족에게 잔소리를 늘어놓거나 폭언을 퍼부었다. 자주 있는 일은 결코 아니었는데, 나는 그 가끔 있는 일도 너무너무 싫었다. 내가 부모가 되면 내 자식에게는 저런 모습 안 보여야지 하고 생각했다. 심지어 빨리 독립하고 싶기도 했다. 지금 부모가 되어 보니 아버지의 심정이 충분히 이해는 간다. 그만큼 삶이 힘들었기 때문이리라. 하지만 아버지가 삶의 힘겨움을 표현하는 방법은 옳지 못했던 것 같다.

요즘은 친구 같은 아빠, 다정다감한 아빠가 많아지는 추세이다. 하지만 과거 우리 아버지 세대에는 다정다감한 아빠, 친구 같은 아빠는 소설 속에서나 존재할 법했다. 가부장적이고, 엄하고, 힘이 센 존재가 바로 아버지라는 존재였다. 그런 아버지로 인해 중간에서 고생하는 분이 바로 어머니였다. 어머니는 아버지와 자녀 사이에서 중재를 하고, 또한 아버지에게 혼이 난 아이들을 보듬었다. 중재자이자 포용자인 어머니 덕분에 자녀는 삐뚤어지지 않고 사회의 일원으로서 반듯하게 성장할 수 있었다.

아이를 너무 엄격하게만 기르면 아이는 사랑받지 못한다고 느껴 문제 행동을 할 수 있는 가능성이 크다고 한다. 당연히 바른 사람으로 성장하기도 어렵다. 부모의 한쪽이 엄격할 때 다른 한쪽은 자상한 모습을 보이는 것이 좋다. 그것이 아이의 성장에 긍정적인 영향을 미친다.

한편 아이들을 양육할 때 몇 가지 법칙이 있다고 한다.

첫째, 모범을 보이면서 훈육을 해야 하는 것이다.
언행일치(言行一致)라는 사자성어처럼 부모의 언어와 행동이 일치해야 한다. 내게 술 마시기를 만류했던 아버지처럼, 부모들은 하면서 자녀에게 하지 말라고 하면 반발감만 심어줄 수 있다. 혹시 본인은 자녀에게 교육을 잘 시키는데 왜 자녀가 말을 안 들을까 생각이 든다면 한번쯤은 되돌아볼 일이다. 과거로 되돌아가보면 언행일치가 되지 않았던 점이 존재할 가능성이 높다.

둘째, 아이가 하는 말에 경청하는 것이다.

요즘은 부부가 맞벌이를 하고 다들 먹고살기 빠듯해서 자녀와의 대화가 충분하지 않은 가정이 많다. 대화를 안 하니, 당연히 경청은 먼 나라 이야기에 불과하다. 자녀와의 대화는 사랑의 표현이자 확인이다. 그런데 대화의 결핍을 돈으로 해결하려는 부모들이 일부 있다. 부모의 자책감을 덜기 위한 행동이겠지만, 돈을 받은 자녀는 당장은 좋아할 수도 있겠지만, 그다지 바람직한 행동은 아니다. 사랑은 받지 못하고 돈만 받은 자녀는 엇나갈 우려가 크다. 부모와의 대화로 고민이나 응어리를 풀지 못하는 상황에서 수중에 돈은 있으니 게임이나 과도한 군것질 등에 빠지게 된다. 그러다 보면 자칫 정서도 메마를 수 있고, 정서가 불안해지면 폭행, 절도 등의 비행도 저지르게 된다.

이러한 나쁜 상황을 예방하는 가장 좋은 방법은 대화이다. 아이와 잠깐이라도 대화를 나누자. 그저 아이의 말에 귀 기울여주고 아이에게 공감만 해주면 된다. 그것이 아이의 방황을 막을 수 있다.

셋째, 사랑으로 아이를 키워야 한다.

너무나 뻔한 이야기다. 그런데 이 뻔한 법칙이 가장 중요하다. 어떤 부모든 자신이 사랑으로 자식을 키운다고 생각하겠지만 틈틈이 그 사랑이 온당한 것인지 확인해볼 필요가 있다. 사랑이라는 명분 아래 부모의 뜻을 강요하거나 자녀에게 상처를 입히지 않았는지 따져봐야 한다. 특히 둘 이상의 자녀를 키우는 부모라면 행여 자녀를 차별하지 않았는지 냉정하게 짚어보기를 바란다. 차별은 아이를 병들게 한다.

사랑을 받고 자란 아이들과 그렇지 못한 아이들은 자존감, 자신감에서 차이가 난다는 연구 결과도 있다. 어느 쪽이 자존감과 자신감이 높은지 굳이 말할 필요는 없을 것이다. 사랑으로 키우자. 자녀는 부모의 소중한 분신이다.

자녀를 키우는 일을 흔히 농사에 비유한다. 농사는 정직하다. 시간과 정성을 기울인다면 반드시 좋은 열매로써 농부에게 보답한다. 자식농사도 마찬가지가 아닐까 생각한다.

자녀 양육, 결코 쉬운 일은 아니다. 행동거지, 말 한마디에도 신경을 써야만 하는 것이 자녀 양육이다. 우리 부부뿐만 아니라 자녀 양육을 위해 오늘도 고군분투하는 대한민국의 엄마 아빠들 조금만 더 수고하고 애쓰자. 비바람이나 병충해 등을 완벽히 피해갈 수 있는 농사는 없다. 자식농사에도 그런 난관이 있다. 그 난관을 이길 수 있는 힘은 자식을 향한 사랑, 자식에 대한 희망이다. 기운 내자.

아빠 육아 필살기

5장

대한민국 아빠,
엄마들에게

"아빠, 힘내세요. 우리가 있잖아요."

어디서 많이 들어본 말일 것이다. 1997년 제15회 MBC 창작동요제에서 입상을 한 〈아빠 힘내세요〉라는 동요의 일부분이다. 우연인지 필연인지, 이노래가 방송을 탄 이후 우리나라는 IMF 구제금융 요청을 받게 되었다. 많은 아빠들이 직장을 잃었고, 많은 가정들이 무너졌다.

오늘을 살아가고 있는 대한민국의 아빠들도 IMF 시절만큼 힘들다고 나는 개인적으로 생각한다. 비교 자체가 조금 비약일 수도 있겠지만, 그만큼 가장의 어깨가 무거운 것이 현실이다. 그렇지만 많은 아빠들이 힘을 내고 있다. 그 아빠들의 힘으로 대한민국의 경제가 돌아가고 있다. 대한민국의 모든 아빠들이 이 시간 더욱 힘을 내기를 기대한다.

슈퍼맨의
피가 흐른다

쫄쫄이 바지 위에 스판팬티를 입고, 붉은 망토까지 걸친 희한한 의상의 남자. 어떤 캐릭터인지 짐작이 가는가? 1938년 조 슈스터Joe Shuster와 제리 시걸Jerry Siegel이라는 십대 만화가들에 의해 탄생한 캐릭터로, 1978년 리처드 도너 감독은 이 캐릭터를 주인공으로 한 영화를 만들었다. 바로 〈슈퍼맨〉이다. 슈퍼맨 캐릭터는 처음에는 빛을 보지 못했으나 제2차 세계대전을 거치며 새로운 영웅의 출현에 목말라하던 미국인들의 요구에 그대로 들어맞았다. 그리하여 슈퍼맨은 미국 만화계의 가장 강력한 슈퍼 히어로로 등극하게 된다. 요즘 우리는 '슈퍼맨'이라는 단어를 무엇이든지 잘해내는 사람을 가리킬 때 사용하기도 한다.

KBS2에서 일요일 오후에 방송하는 〈슈퍼맨이 돌아왔다〉라는 프로그램이 있다. 이 프로그램에 '무엇이든지 잘해내는' 슈퍼맨이 등장한다. 그 슈퍼맨이란 바로 아빠다.

대부분의 평범한 가정에서는 보통 아내의 홀로 육아 혹은 아빠와 함께 육아를 한다. 그런데 〈슈퍼맨이 돌아왔다〉에서는 연예인 아빠들이 아내의 도움이 전혀 없이 아이들을 돌본다. 그야말로 아빠들이 생고생하는 모습을 생생하게 보여준다. 나도 한 아이의 아빠로서 공감되거나 감정 이입이 되는 부분이 많다. 그래서 즐겨 보는 편이다.

아빠들을 흔히 슈퍼맨이라고 부른다. 영화에 나오는 슈퍼맨은 정의의 사도이지만, 아빠라는 슈퍼맨은 직장과 집안일, 육아까지 다 잘하는 사람에 불과하다. 그러나 나는 정의의 사도만큼이나 위대하다고 생각한다. 과거의 아버지들과 비교해보면 정말 그런 생각이 안 들 수가 없다.

과거의 아버지들은 지금의 아버지들과는 많이 달랐다. 많은 아버지들이 가족보다 직장을 우선했고, 가족보다 외부 사람들과 더 어울렸다. 물론 사회생활을 좋아해서 가정을 등한시하는 아버지들도 있었지만 어쩔 수 없이 가정을 멀리한 아버지들도 많았다. 그 시대의 가장에게는 돈벌이가 제일의 의무였기 때문이다. 어찌 보면 그 시대의 아버지들은 불행한 세대였다.

요즘 신세대 부부들처럼 알콩달콩 사는 모습은 그들에게 먼 나라 이야기였다. 원했건 원하지 않았건 아버지는 돈 버는 기계의 역할에 충실해야 했다. 슈퍼맨으로 살아갈 힘이 그들에게는 없었다. 돈을 번다는 핑계로 의도적으로 가정에 무신경한 아버지들도 있었지만, 그들도 힘이 없기는 매한가지였다.

여하튼 그 시대의 아버지들이 공통적으로 후회하는 것이 하나 있다고 한다. 바로 가족과의 관계다.

대한민국 아빠, 엄마들에게

"친구 열 번 만날 거 한 번 만나고, 애들과 놀아줬으면 어땠을까?"

"아내에게, 아이들에게 더 잘해줄걸."

과거를 회상해보니 나의 아버지는 진정한 슈퍼맨이셨다. 나의 아버지도 직장일이 먼저였고, 사람 만나서 술 마시는 것을 좋아하셨다. 그러나 그 시대의 아버지들과 다른 점은 가정에 신경을 쓰셨다는 것이다. 집안일에 관심을 가지고 최선을 다하셨다는 것이다. 아버지는 형광등 갈기, 집 마당 청소하기, 보일러 수리, 배관 청소, 전기 수리 등 복잡한 집안일들을 곧잘 해내셨다. 약주를 드셔도 집에서 당신이 해야 할 일들을 소홀히 하는 법이 없으셨다. 어머니에게, 그리고 나에게 "사랑한다"라고 직접적으로 말씀은 안 하셨지만 맘속으로는 사랑을 베풀었다. 그렇게 속으로 사랑하는 경상도 남자였다. 그 옛날에 이 정도면 진정한 슈퍼맨 아닌가?

요즘 세상에는 아버지가 돈 버는 기계로만 살기를 원하는 가정은 드물다. 비록 수입은 많지 않더라도 가족들과 어울리고 가정을 살뜰히 챙기는 아버지를 더 원하는 분위기다. 그런 아버지를 슈퍼맨으로 여긴다. 그러므로 이 시대의 아버지들에게 바란다. 힘들더라도 아내와 아이들과 함께 부지런히 호흡하기를. 나는 지금 우리 사회의 많은 아버지들이 슈퍼맨으로 살아가고 있다고 믿는다. 나아가 더 많아질 것이라고 기대한다.

여러 가지 일들을 다 잘하지는 못해도 너무 자책하지 말았으면 좋겠다. 만능이 되면 당연히 좋겠지만 무슨 일이든 척척 해내기는 사실 어렵다. 솔직히 신이 아니고서야 사람이 만능일 수는 없다. 무엇보다 중요한 것은 아빠가 아이와 아내와 함께 시간을 보내는 것이다. 그 시간은 추억이 되고, 추억은 선물이 된다. 아마도 그 선물은 아빠가 가족에게 줄 수 있는 가장 큰 선물이 아닐까 싶다. 그런 선물을 줄 수 있는 아빠는 진정한 슈퍼맨이다.

부디 과거의 아버지들처럼 후회를 범하는 아빠들이 없기를 바란다.

너나 잘하세요

"공부 잘하니? 반에서 몇 등이나 하니?"

"어느 대학 갈 거냐?"

취업은 했어? 대학 졸업하면 뭐 해 먹고 살려고?"

"애인 있어? 왜 결혼 안 해?"

지인들 가운데 이와 같이 끊임없이 묻는 사람이 있다. 엄연히 성인이 되었는데도 질문과 간섭을 멈추지 않는다. 정말 미칠 노릇이다. 진심으로 나에게 관심이 많아서 그러는 것인지 궁금하다. 알아서 잘 할 텐데 말이다.

이런 과도한 관심을 흔히 '오지랖이 넓다'라고 이야기를 한다. 즉 오지랖이 넓다는 것은 문자 그대로 옷의 앞자락이 넓다는 뜻이다. 그 품은 속뜻은 무슨 일이든 간에 앞장서서 간섭하고 참견하고 다니는 성향을 의미한다. 겉옷의 앞자락이 넓으면 안에 입은 옷을 감쌀 수 있는 것처럼 남의 시시콜콜한 일들을 그렇게 감싸려고 하는 것이다. 우리나라 사람들이 특히 이 오지랖이 넓은 것은 아닌가 모르겠다. 명절 때만 되면 오지랖 넓은 친척들이 한자리에 모이지 않는가!

"○○야, 시집 안 가니? 너 나이가 몇인데? 시집가야지. 그래야 부모님께 효도하는 거야."

결혼을 안 한 여자분들이라면 이런 말을 한 번쯤은 들어보았을 것이다. 명절 때마다 듣는 분들도 있을 것이다. 기가 찰 노릇이다. 꼭 시집을 가야만 또는 장가를 가야만 효녀, 효자인가? 엄청난 편견이다. 남자든 여자든 이 오지랖 때문에 스트레스를 받는다.

오지랖 끝에 결혼을 해도 짜증나는 상황은 또 벌어진다. 친척들의 오지랖은 역시 넓다. 그분들은 또 비수를 꽂는다.

"애는 언제 가질 거야? 적어도 둘은 낳아야지. 하나만 있으면 외로워."

엄청 화가 나는 일이다. 본인들이 키워줄 것도 아니면서 왜 이런 식의 표현을 하는지 도통 이해가 되지 않는다.

한편 이것을 '사회적 알람'이라는 표현을 써서 해석하고 싶다. 사회적 알람이란 사회적으로, 통상적으로 정해진 시기에 무엇을 해야 된다는 암묵적인 통보라고 말할 수 있겠다. 예를 들어, 대학은 스무 살에 가야 하고, 군대는 스물한 살이나 스물두 살에 가야 하고, 시집 장가 시기는 이십대가 좋고……. 이러한 통념들이 바로 사회적 알람이다.

그렇지만 대학을 꼭 스무 살에 꼭 가라는 법은 없다. 군대 늦게 간다고 해서 군생활을 잘 못하거나 크게 손해 보는 것도 아니다. 내가 군인 신분이었을 때 스물다섯 살에 군 입대를 한 사람도 많았다.

왜 이렇게 한국 사람들은 오지랖이 넓은 건지 자료조사도 해보았다. 행복 연구자인 Diener 등의 학자들은 소득수준에 비해 지나치게 낮은 한국의 행복도를 설명할 때 '지나친 집단주의'를 한 원인으로 들었다. '지나친 집단주'의 아래서는 한 개인이 자신의 삶을 결정할 때 본인의 소망보다 타인의 소망이 우선될 수 있다. 자기 삶에 대해 스스로 생각해보고 결정할 시간을 갖기도 전에 온갖 사람들과 사회가 나서서 이렇게 저렇게 살라고 압박을 해대는 탓에, 즉 오지랖을 넓게 펼치는 탓에 타인의 소망에 따르게 된다는 것이다. 그러니 행복도가 낮을 수밖에 없는 것이다. 참으로 문제가 아닐 수 없다.

나 역시 학창시절부터 지금까지 오지랖이 넓은 분들의 횡포에 당하며 살고 있다. 특히 난임 부부라는 이름표를 달고 사는 시기에 고맙게도(?) 주변의 지인분들이 우리 부부에게 너무나 많은 관심을 가져주셨다.

"태욱 씨, 결혼한 지 1년 넘었죠? 그런데 좋은 소식 없어요?"

"네, 아직 없네요. 뭐, 알아서 되겠죠. 신경 안 쓰려고요."

처음에는 이런 질문을 받아도 무덤덤했고, 별 감정이 없었다. 그러나 좋은 말도 계속 들으면 싫어지는 법인데 아픈 곳을 찌르는 말을 계속 들으니 부아가 치밀었다. 상대방의 약점 혹은 단점을 가지고 잊을 만하면 질문을 하는 분들이 종종 있었다. 해도 너무한다 싶었다.

"제가 알아서 할게요. 왜 그렇게 간섭이세요?"

이렇게 소리치고 싶었지만 마음뿐이었다.

혹시 박찬욱 감독의 영화 〈친절한 금자씨〉에 나온 이영애 씨의 명대사를 기억하는가?

"너나 잘하세요."

나를 아프게 하는, 오지랖이 넓은 그들에게 나는 이 말을 꼭 해주고 싶었다.

나는 아내가 자연스럽게 임신을 할 줄 알았다. 그런데 1년이 넘어가도 임신에 성공하지 못하자 걱정이 밀려왔다. 결국 우리 부부는 부산에 있는 유명 산부인과를 찾아갔다. 의사선생님과 상담을 하고 검사를 했다. 그 결과 아내가 나팔관 한쪽이 막혀 있다는 사실을 알게되었다. 의사선생님으로부터 나팔관이 막힌 탓에 배란이 잘 안 되고, 다낭성 난소 증후군으로 인해 자연임신이 힘들 수밖에 없다는 이야기를 들었다. 하는 수 없이 우리 부부는 자연임신을 포기하고 인공수정 시술에 의지하기로 결정했다. 주변 분들은 이런 사정을 전혀 몰랐다. 그러면서 자꾸만 아기 이야기를 하니 화가 날 수밖에 없었다.

정말 본인의 일에 더 신경 쓰고 타인에 대한 관심은 적당히 가졌으면 좋겠다는 바람을 품어본다. 과도한 관심이나 간섭은 상대방에게 부담이 된다는 사실을 알았으면 좋겠다.

한편 하늘도 우리의 정성에 감동했는지 인공수정 시술을 통해 임신을 하게 되었다. 그런데 안타깝게도 유산을 했다. 더 슬픈 건 정확한 유산 원인을 알 수 없다는 것이었다. 한동안 슬픔에 잠겨 지냈다. 그러다가 2년 후쯤 다시 마음을 다잡고 인공수정 시술을 받았다. 그런 고통 끝에 지금의 시온이를 낳게 되었다.

힘들게 아이를 낳아 기르면서 가끔 부모님의 간섭과 오지랖으로 인해 스트레스를 받게 되었다. 간섭과 오지랖이 우리 부모님만의 특징은 아니다. 보통의 시부모님들은 아기를 이렇게 키워라 저렇게 키워라 관여를 한다. 걱정이 돼서, 사랑해서 그러는 줄은 알지만 양육은 아기 부모들에게 믿고 맡기는 게 좋다고 생각한다.

시부모님의 지나친 관여는 아기 엄마에게 짜증을 불러일으키기 마련이다. 그 짜증은 남편에게 고스란히 돌아올 가능성이 높다. 만만한 게 남편이니, 남편에게 털어놓으며 스트레스를 푸는 것이다.

"여보. 내가 오늘 어머님 전화를 받았는데, 아기 키우는 데 막 간섭을 하시더라고. 네, 하고 건성으로 대답은 했지만 속이 굉장히 안 좋더라고. 내가 알아서 잘할 텐데, 왜 그러시는지 몰라."

이때 남편은 공감과 경청을 해줘야 한다.

"그래? 많이 속상했겠네. 왜 그랬을까? 우리 엄마 너무하시네. 다자기 잘되라고 하는 거니깐 너무 속상해 하지 마. 마음 풀어."

그런데 보통 남편들은 이렇게 하지 않는다. 무서운 인상을 그리면서 아내에게 반박한다.

"야, 우리 엄마가 뭐가 잘못이냐? 다 손자를 위해서 그러는 건데. 먼저 낳아본 사람으로서 조언해주는 건데 뭐가 잘못이야? 그리고 시어머니니까 그렇게 하지, 옆집 할머니 같았으면 해주겠냐? 왜 그리 속이 좁냐? 별거 아닌 걸로 스트레스 받지 마."

신혼 초에는 나도 두 번째 입장이었다. 아내랑 이런 문제로 종종 다퉜다. 세월이 지나면서 경청의 중요성을 깨닫고 공감도 해주었다. 경청과 공감에 힘쓰니 직장일도 더 잘하게 되었다. 사회복지 업무에서는 경청과 공감이 무척 중요하기 때문이다.

사실 남편의 부적절한 대응은 아내들에게 서운함을 안긴다. 그냥 남편에게 위로를 받고 싶을 뿐인데 구박을 받으니 마음에 병이 생길 수밖에 없다. 그러면 결국 남편과도, 시댁과도 갈등만 깊어질 따름이다.

제발 이 글을 보시는 시부모님들은 우리 부모님처럼 하지 않았으면 좋겠다. 남편들은 나처럼 하지 말기를 바란다. 시부모님은 며느리에게, 남편은 아내에게 따뜻한 격려 한마디만 해주자. 그것만으로도 충분하다.

오지랖 넓은 사람들이 모여 사는 대한민국이 금방 바뀌지는 않을 것 같다. 우리의 아이들이 엄마 아빠가 될 즈음에는 바뀔 수 있을까? 사정이 이러하니, 차라리 오지랖을 수용할 수 있도록 마음을 단련해보자. 너무 상처 받지 않도록 노력해보자. 정말 아니다 싶으면 그냥 한 귀로 듣고 한 귀로 흘려버리는 내공을 키우자.

부모들은 육아라는 귀한 사명을 완수해야 할 사람들이다. 오지랖 따위에 무너져서는 안 된다.

육아는
산 넘어 산이다

2018년 10월 무렵 제법 이슈가 된 뉴스가 있었다. 바로 김창호 산악대장을 포함한 우리 국민 5명과 외국인 4명으로 구성된 등반대가 네팔의 히말라야 산악지대에서 사망을 한 것이다. 잘 알다시피 에베레스트 같은 높은 산에서는 항상 위험이 닥칠 수밖에 없다. 철저히 준비를 해도 자연 앞에서 인간은 한없이 작아지게 되어 있다. 이 점은 산악인들이 제일 잘 알고 있다. 힘들고 위험한 일인 데도 불구하고 산악인들은 산을 오른다. 왜? 산이 좋아서라고 한다. 산이 거기에 있어서라고 한다.

산악인들은 산을 올랐을 때 최고의 행복과 기쁨을 누린다. 그들은 편안하고 무난한 삶보다는 도전하고 모험하는 삶을 꿈꾼다. 도전과 모험에서 얻는 희열을 최고의 가치로 여기기 때문일 것이다. 도전과 모험에는 고통과 신음이 따르기 마련이다. 이것을 이겨냈을 때의 뿌듯함은 그 무엇과도 바꿀 수 없을 듯하다.

나는 개인적으로 등산을 육아에 종종 비유하곤 한다. 등산을 해본 사람들은 다 느껴보았을 것이다. 고생의 정점을 찍다가 어느 순간 몸과 마음이 편안해지는 순간을. 그 순간은 사람마다 차이가 있기에 산 정상을 밟고 내려서는 때일 수도, 중턱에서 바람 한 줄기를 맞을 때일 수도 있다. 오르막을 걷다가 평지를 만난 때일 수도 있다. 여하튼 그러한 순간은 반드시 온다. 육아에서도 마찬가지다. 힘든 육아를 견디다 보면 어느 순간 편안해질 때를 맞이할 것이다.

육아는 아이들의 기질에 따라, 컨디션에 따라 조금씩 다를 수밖에 없다. 어느 일정한 시기까지는 아빠 엄마가 오르막길을 오르는 것과 같다. 그 일정한 시기가 언제까지인지는 아무도 모를 일이다. 육아의 오르막길에서는 먼저 체력이 고갈이 된다. 다음으로는 정신적으로도 피로가 몰려온다. 그렇다면 헉헉거리면서 정상으로 가고 있는 시점이다. 이때 아이가 환하게 한 번 웃어주거나 천사처럼 잠을 잔다. 물 한 모금 마시고 나무에 기대어 잠깐 숨을 돌리는 시간이다. 상쾌한 바람처럼 시원하게 피로가 씻길 것이다.

등산처럼 정말 힘든 육아. 나는 욕심이 많다 보니 육아가 더욱 힘들 수밖에 없었다. 육아뿐만 아니라 무슨 일이든 다 잘하고 싶었다. 할 수 있을 것만 같았다. 하지만 시온이를 기르다 보니 어쩔 수 없이 욕심을 줄여야 했다. 그러다 보니 삶이 단순해졌고, 마음이 단순해졌다.

시온이가 100일이 되기 전에는 매일 밤 두세 시간마다 깨어 울면서 배고파했다. 대낮에 고생한 아내를 대신해서 내가 수유를 했다. 졸린 눈으로 분유를 먹고 다시 잠드는 시온이를 보면서 시온이가 통

등산처럼 정말 힘든 육아. 나는 욕심이 많다 보니 육아
가 더욱 힘들 수밖에 없었다. 육아뿐만 아니라 무슨 일
이든 다 잘하고 싶었다. 할 수 있을 것만 같았다. 하지만
시온이를 기르다 보니 어쩔 수 없이 욕심을 줄여야 했다.

잠만 자게 되어도 너무 행복할 것만 같았다. 나의 바람대로 100일이
다될 쯤에 통잠을 자기 시작했다. 신기했다. 뒷산 하나를 넘은 기분
이었다. 나도 중간에 안 깨고 통잠을 잘 수 있으니 시원한 바람을 맞
는 것 같았다.

　하지만 또 다른 산을 넘어야만 했다. 시온이는 다른 아기들보다 전
반적으로 모든 것이 늦었다. 배밀이, 뒤집기, 자리에 앉기, 걷기…….
다른 아기들은 잘하는데, 시온이만 늦어서 아내와 나는 속상했다. 언
제 또 산을 넘으려나 생각을 했다. 특히 걷기가 늦어 대학병원 진료
까지 염두에 두고 있던 찰나에 걷기 시작했다. 그때가 19개월 무렵이

었다. 시온이가 걷는 모습을 보니 백두산을 넘은 듯했다. 그렇게 높은 산을 넘으니 마음에 안정이 오고 한결 여유가 생겼다. 나무 그늘에 앉아 숲속 시원한 바람을 맞으면서 물을 마시는 느낌이었다.

시온이는 엄마 껌딱지였다. 그 바람에 아내는 시온이가 두 돌이 지나기 전까지는 육아의 오르막만 걸었다. 내가 동행하고 싶었지만 직장으로 인해 함께 있어주지 못했다. 미안하고 안타까웠다. 아내는 정말로 시온이를 돌보면서 등산을 하는 기분이었다고 고백했다. 그때는 식사를 제대로 하는 것조차 사치였다. 시온이가 수족구와 장염 등으로 입원과 퇴원을 반복했을 때는 등산과 하산을 경험했다고 했다. 심지어 롤러코스터를 타는 기분이었다고 했다. 아내는 그렇게 혼자 힘으로 큰 산을 넘었다.

하지만 나와 아내는 여전히 계속 등산 중이다. 최근에는 울음, 고집, 떼쓰기. 이 3종 세트를 갖춘 시온이를 겪으면서 역시 등산을 하고 있다. 이번 등산에서는 마음을 다스리기가 솔직히 쉽지 않다. 가끔은 통제가 안 되는 시온이를 보면서 욱하는 감정이 생긴다. 고함을 지르기도 한다. 고함을 지르면 시온이는 움찔하며 잠잠해지는데, 그 모습이 또 안타깝다. 나와 아내는 금세 후회와 자책 모드로 들어간다. 고함을 친 장본인인 나의 가슴은 찢어지는 듯하다.

'내가 왜 고함을 쳤을까? 나는 나쁜 아빠야.'

아빠한테 야단맞고 잠든 시온이. 그런 시온이가 자는 모습을 보면 가끔은 너무나 괴로워진다. 그 괴로움을 이기지 못해 홀로 술을 마시면서 흐느낀 적도 있었다.

사실 육아를 등산에 비유는 했지만 언제 하산할지는 모르겠다. 완전한 하산이라는 게 가능한지조차도 의문이다. 육아 선배들은, 아이가 초등학교에 입학할 시점이 되면 어느 정도 육아에서 해방될 수 있을 것이라고 조언했다. 그러니 희망을 가지라고 격려했다. 지금은 그 말을 믿고 싶다. 달리 매달릴 곳이 없다. 나는 시온이의 초등학교 입학식 날에 아마도 태극기를 흔들며 육아독립 만세를 외칠지도 모른다. 이런 실없는 상상을 하니 은근히 즐거워진다. 그만큼 힘이 든다는 반증일까?

나는 욕망과 야망이 많은 사람이다. 욕망의 화신이라고 해도 무방할 것이다. 삼십대 초반의 혈기왕성한 남자일 때는 꿈과 희망이 너무 많았다. 직장에서 인정받는 직원, 잘나가는 강사, MC가 되기 위해 고분군투를 했다. 미혼 시절부터 큰 행복을 주었던 마이크 잡는 일을 결혼 후에도 놓고 싶지 않았다. 그래서 아내와 함께 육아를 하면서도 마이크를 완전히 놓지 못했다. 시온이가 잠든 사이 실제로 마이크를 잡고 무대에 올라가서 강연하는 연습을 하면서 꿈을 키워나갔다. 지금도 조금씩 키워나가고 있는 중이다.

그러나 기회비용의 법칙에서 벗어나기 어려웠다. 즉 하나를 얻게 되면 하나를 포기할 수밖에 없게 되었다. 육아를 하다 보니 마이크를 잡는 일은 확연히 줄어들었다. 열정도 조금 수그러들었다. 그래도 잠까지 줄여가면서까지 노력을 하고, 마음을 다잡고 있다. 육아에서 하산하면 정말로 광복절에 만세 삼창한 국민들처럼 기쁠 것 같다. 마이크 잡는 일에 더욱더 많은 노력과 투자를 할 수 있을 것이다.

하지만 시온이가 어엿한 성인으로 자라 스스로 의사결정과 행동을 할 수 있을 때까지는 훌쩍 하산해서는 안 된다고 생각한다. 그때까지 높고 낮은 여러 산들을 오르고 넘을 각오를 하고 있다. 어쩌겠는가? 나는 아빠인데. 부모인데.

세월이 흐르다 보면 산을 오르다가 종종 쉴 수 있는 여유를 만날 수 있을 것이다. 아내나 나나 아직은 쉴 여유 없이 오르기에만 바쁘다. 육아에 미숙하다는 얘기다.

육아는 산 넘어 산, 맞다. 그래도 언젠가는 산 정산에서 크게 기뻐한 뒤 하산을 하게 될 것이다. 그날이 오기까지 스스로에게 힘을 줄 수밖에 없다. 결국은 부모의 몫이다. 피할 수 없으면 즐기자. 육아 독립의 그날, 태극기를 휘날리는 모습을 상상하면서.

돈 없는
아빠의 사랑 육아

어떤 마을에 시집을 못 간 노처녀가 살고 있었다. 노처녀는 나이가 들어감에 따라 결혼이 무척 하고 싶었다. 하지만 교제를 하고 있는 남자가 없었다. 무엇보다 가진 돈이 별로 없었다. 이 노처녀는 돈도 벌면서 남자를 사귀어 결혼을 하는 것이 꿈이었다. 하루는 길을 가다가 땅에 떨어져 있는 램프를 보게 되었다. 램프를 주워 들고서는 혼잣말로 중얼거렸다.

"이게 뭘까? 희한하게 생겼네. 한번 문질러볼까?"

램프를 문지르자 펑 소리가 나면서 커다란 거인이 램프에서 빠져나왔다.

"저를 살려주셔서 정말 감사합니다. 저는 이 램프에 갇혀 살았던 램프의 요정입니다. 저를 살려주셨으니 한 가지 소원을 이루어 드리겠습니다. 원하시는 소원 딱 한 가지만 말씀해 주시지요."

여자의 소원은 돈 벌기, 남자 사귀기, 사귀는 남자와 결혼하기 이렇게 세 가지였는데, 한 가지만 말하라고 하니 너무 아쉬웠다.

'세 가지 다 이루어주면 안 되나? 아, 이렇게 하면 되겠다. 세 가

지를 빨리 말해서 한 가지처럼 들리게 하는 거야. 요정은 눈치 못 챌 거야.'

여자는 회심의 미소를 짓고는 램프의 요정에게 말했다.

"요정님, 저 소원이 있어요."

"네. 그것이 무엇인지요?"

"제 소원은 바로 돈, 남자, 결혼이에요."

여자는 엄청 빠른 속도로 돈, 남자, 결혼이라 외쳤다. 램프의 요정이 씨익 웃었다.

"굉장히 쉬운 소원이군요. 네, 이루어 드리지요."

요정의 약속대로 여자의 소원이 이루어졌다. 여자는 머리가 돈 남자랑 결혼했다.

이 유머를 접하고 많이 웃었다. 재미있으면서 교훈이 있는 유머였다. 내가 본 관점에서의 교훈은 이러하다.

'너무 욕심 부리지 말고 돈에 집착하지 말며 살아가자.'

우리나라의 출산율은 다른 나라에 비해 낮다. 정부가 2006년부터 약 116조 원 예산을 투입했음에도 출산율이 계속 떨어지고 있다. 그 이유가 무엇일까?

"왜 아이를 안 낳으려고 하세요?"

여러분이 이 질문을 받는다면 무엇이라고 대답할 것인가? 대체로 다음과 같은 대답들이 나오리라 예상된다.

1. 아이를 낳아서 마음 놓고 키울 수 있는 환경이 안 된다.

2. 사교육비와 양육비를 감당하기 힘들다.

3. 아이를 낳으면 삶의 질이 저하된다.

4. 아이를 키우는 것 자체가 너무 힘들다.

주변에 결혼한 지 얼마 안 된 따끈따끈한 신혼부부들이 많이 있다. 하지만 아이를 낳을 생각이 별로 없다고 한다. 심지어 딩크족으로 살고픈 마음이 더 크다고 한다. 이유를 물어보니, 위에서 제시한 항목들을 언급했다.

나의 경우에는 시온이를 낳아서 길러보니 3, 4번이 해당되는 항목이었다. 결혼을 하지 않고 미혼으로 살았더라면, 결혼을 했어도 딩크족으로 살았더라면 참 좋았을 거라는 생각을 종종 했다. 아내도 마찬가지였다. 시온이에게 많은 것이 가야 하니 삶의 질이 저하되는 느낌을 받았다. 주 양육자로 사는 것도 힘들어했다.

경제적인 부분이나 환경은 큰 문제가 되지 않았다. 나의 좁은 생각일 수도 있겠지만 경제적 여유가 없으면 부부가 맞벌이를 하면 된다. 만약 외벌이를 한다면 아껴서 생활하고, 돈이 부족하면 대출을 받으면 된다. 경제적인 부분과 환경적인 부분은 적응하기 나름이다. 옛 어른들이 아기를 키우는 것은 물질이 아니라 사랑이라고 했다. 아기를 키우는 데 있어서 너무 돈이 부족해도 안 되겠지만 사랑으로 부족한 돈을 메울 수 있다. 사랑으로 키우는 것이 제일 중요하다.

하지만 요즘 부모님들을 보고 있으면 안타까운 마음이 많이 든다.

물질로 많은 것들을 해결하려는 모습을 보기 때문이다. 특히 자녀가 하나인 경우 더욱 그러한 경향을 보이는 것 같다. 하나뿐인 아이를 절대 기 죽이면서 키우고 싶지 않은 마음에 무조건 비싼 것, 좋은 것만 고집하는 부모가 있다. 물질도 좋지만 더 좋은 것은 자녀와의 대화, 진정한 공감, 그리고 함께하는 시간이다.

아무리 부모가 경제적인 여유가 있다 하더라도, 물질보다는 참사랑을 베풀 수 있도록 하자. 돈보다는 사랑으로 키우자. 특히 아빠들이라면 더더욱 사랑의 육아를 베풀자.

스웨덴에는 '라테 파파'라는 말이 있다. 이 말은 한 손엔 커피(라테)를, 한 손엔 유모차를 끌고 다니는, 육아에 적극적인 아빠를 의미한다. 스웨덴뿐만 아니라 북유럽에서는 아빠들의 적극적인 육아 참여를 보여주는 사례가 비일비재하다. 아이를 키우는 부모에게 육아야말로 분업하고 협업해야 할 가장 큰 과제이다.

여전히 한국 사회에서는 남편이 가사나 육아를 '도와준다'는 인식이 강하다. 하지만 내 경험상 가사와 육아는 돕는 것이 아니다. 모두의 일이다. 물론 주 양육자나 주부의 역할을 맡는 사람이 대체로 아내이다 보니 남편이 아내를 돕는다는 표현이 보편적으로 여겨질 수도 있다. 그러나 나는 부부의 특성에 따라 서로 잘할 수 있는 일을 나누어 하는 것이라 생각한다. 아내나 남편이나 가사와 육아가 서로 '내 일'이라는 인식의 전환이 필요하다.

그래도 육아에 대한 아빠들의 관심도가 과거보다는 상당히 높아졌음을 느낀다. 이러한 분위기가 좀 더 확대되어 지속성 있게 사회적으로 공론화되면 좋을 듯하다. 엄마들의 입에서 '독박 육아'라는 말이 더는 나오지 않도록 해야 한다. 육아는 외롭고 힘든, 일 중의 일이다. 부부가 함께할 때 행복하다. 홀로 육아가 아닌 함께 육아를 하자.

달콤살벌한
엄마, 아빠

나는 2012년 9월에 결혼했다. 신혼 시절은 알콩달콩 달달했다. 말로 표현 못 할 만큼 행복했다. 연애를 오래한 커플들은 이런 기분을 못 느끼겠지만 중매로 만나 결혼한 내게 신혼 생활은 연애처럼 즐거웠다. 하지만 분위기가 살벌할 때도 있었다. 서로의 의견대립, 사소한 갈등으로 인해 부부 싸움이 일어나기도 했다. 한마디로 나의 신혼 시절은 '달콤살벌'이라는 네 글자로 표현할 수 있다.

신혼 때의 일이다. 퇴근하고 돌아온 나는 양말부터 벗어 빨래통에 넣었다. 얼마 뒤 그 양말을 본 아내가 말했다.

"여보, 양말 좀 예쁘게 똑바로 벗어서 빨래통에 넣어주면 안 되나? 뱀이 허물 벗은 것처럼 벗지 말고."

순간 아차 싶었다. 양말을 그냥 뒤집힌 채로 벗어던진 게 생각났다. 매일은 아니고 가끔 그러는데 아내에게는 거슬릴 수 있다는 생각이 들었다. 나는 곧바로 사과했다.

"아, 미안. 다음부터는 제대로 벗어서 빨래통에 넣을게."

문제는 그렇게 약속을 하고도 나는 같은 실수를 몇 번 반복했다. 머리가 심하게 나쁜 편은 아닌데도 자꾸 깜빡깜빡했다.

그러던 어느 날, 문제의 양말을 발견한 아내가 버럭 화를 냈다.

"야. 내가 몇 번이나 말했노? 양말 똑바로 넣으라고 했제. 니 바보가?"

"니 바보가?"는 솔직히 비난으로 느껴졌다. 비난을 받았다는 사실에 순간 나도 화가 솟구쳤다.

"야, 그게 그렇게 힘든 거가? 나는 더 힘들다. 니도 일 다녀봐서 알겠지만 쉬운 게 아니거든? 그런데 살림만 하는 여자가 머가 힘들다고 그라노."

양말 사건 외에도 제법 사건이 있었다. 치약 짜기, 양가 부모님 용돈 문제, 명절 선물, 기타 등등 여러 가지 이유로 파이팅 넘치게 싸운 적이 많았다. 30년 넘게 다른 환경에서 자란 두 사람이 부부가 되어 서로 맞추는 과정에서 흔히 일어나는 다툼으로 볼 수도 있었다. 그래도 내가 문제였다. 교회 사모님의 소개로 만난 아내인지라 나는 아내가 순종적인 여자라고만 생각했다. 아니, 순종적인 여자이기를 기대했던 것 같다. 나는 아내가 나에게 맞춰주기만을 고집했다. 싸우고 화해하고 그러다가 또 싸우고 화해하기를 수십 차례 반복했다. 몸과 마음이 너무 괴로웠다. 싸우지 말자고 수십 차례 다짐을 했지만 쉽지 않았다.

'아이가 생기면 안 싸우겠지.'

나는 막연히 이런 생각을 했다.

한 번 유산을 거친 뒤 극적으로 다시 임신을 했다. 폭풍감동이 밀

아내를 비난하고 정죄하지 않으려 한다. 부부는 억겁의 인
연이라고 하지 않는가. 긴 시간을 거쳐 만난 사이이므로 더
욱 특별하지 않을 수 없다. 그 특별한 사람에게 이제 잘하려
고 한다. 달콤살벌한 부부에서 오로지 달콤달콤한 부부가 되
고자 노력하려 한다.

려왔다. 나는 눈물을 뚝뚝 흘리면서 진짜 아내에게 잘해야겠다고 다
짐 또 다짐을 했다. 그러나 다짐에 그칠 뿐이었다.

　임신을 하고 나면 여성들은 이놈의 몹쓸 호르몬으로 인해 감정의
변화가 다양해진다. 호르몬의 변화로 인해 이유 없이 짜증이 늘어나
고 변덕도 심해진다. 여기에 입덧까지 겹치면 최악의 상황으로 치닫
는다. 아내가 그랬다. 호르몬에 지배당한 아내는 입덧이 심해 먹고 싶
은 것도 잘 못 먹고, 먹어도 이내 토했다. 그래도 안 먹을 수는 없으

　　　　　　　　　　　대한민국 아빠, 엄마들에게

니 본인 의지와 상관없이 평소 거들떠보지도 않았던 음식들을 먹게 되었다. 이러다 보니 아내는 까칠해졌다. 나에게 여지없이 화살을 날렸다. 나는 그 화살을 한두 번은 맞아주었지만 여러 차례 맞으니 견딜 수가 없었다. 결국 나도 폭발하고 말았다. 아내가 임신 중이라는 사실을 알면서도 심하게 싸웠다.

지금 생각해보면 너무 몰상식한 행동이었다. 배 속 아이를 위해서라도 내가 아내에게 사과했어야 했는데, 아내의 비위를 맞출 수 없다면 잠깐 자리를 피하는 방법도 있었을 텐데……. 알량한 자존심 때문이었다. 아내에게 굽히기 싫은 마음이 싸움을 불러온 것이다. 내가 낮은 자세로 백기투항을 했다면 아내도, 나도, 배 속 아기도 행복했을 텐데 왜 싸움을 벌였을까? 이 살벌한 분위기를 깨고 2017년 1월 3일에 시온이가 태어났다. 건강하게 태어나줘서 정말 감사했다.

그런데 시온이가 태어나자 싸울 일들이 더 많아졌다. 육아를 하면서 부부 싸움을 더 많이 하게 된다고 하는데, 우리 부부가 딱 그랬다. 아내는 홀로 육아로 피곤하고, 나는 직장일로 피곤했다. 서로 피곤하니 예민해질 수밖에 없었다. 그러다 보니 육아 방법의 차이, 육아 가치관의 차이 등의 이유로 자주 싸우게 되었다. 서로 차분하게 의견을 조율하면 되는데 예민한 상태에서는 대화가 싸움으로 번지기 십상이었다.

먼저 기억나는 일은 아기 세탁기와 연관된 싸움이다. 아내는 아기 세탁기를 사고 싶어 했지만, 나는 그럴 마음이 전혀 없었다.

"여보, 아기 세탁기 사자. 있으면 엄청 편할 것 같다."

나는 아내의 의견을 단칼에 내리쳤다.

"그거 비싸잖아. 그냥 일반 세탁기로 어른 옷 먼저 돌리고, 그다음에 시온이 옷은 따로 망에 넣어서 빨면 되는데 굳이 왜 사나?"

결국 아기 세탁기를 사기는 했다. 문제는 아내와 전쟁을 치른 다음, 서로의 마음을 만신창이로 만든 다음 샀다는 것이다.

그런데 아기 세탁기를 쓰니까 솔직히 편하긴 했다. 의복 삶음 기능도 있고, 작은 양의 세탁물도 세탁 가능했다. 사실 면역력 약한 아기의 옷을 어른 세탁기로 빤다는 것에 맘 한편에 찝찝함도 있었는데, 그것을 깨끗이 해결해주니 좋았다.

'이럴 줄 알았으면 진작 아내 말 듣고 살걸.'

나는 이런 후회와 반성을 하게 되었다. 아내 말을 듣지 않아 싸움이 일어난 것에 대한 후회와 반성이었다.

육아나 살림은 아무래도 남편보다는 아내가 한 수 위라고 생각한다. 또한 아내의 말을 존중하고 아내가 원하는 쪽으로 하는 것이 가정의 평화를 위해서도 좋다고 생각한다. 서로 이해하고 양보하면 싸움 날 일이 없을 텐데, 알고는 있지만 쉽지 않다. 서로의 알량한 자존심 때문에 좀처럼 지려고 하지 않는다. 싸운 다음 먼저 사과도 잘 안 한다. 어쩌겠는가. 남편이 양보하고 사과도 먼저 해야지.

한편 부부 싸움을 하더라도 아이 앞에서는 절대 금물이다. 솔직히 나는 이 금기를 지키지 못했다. 시온이 앞에서 많이 싸웠다. 지금도 아주 가끔 싸운다. 반성을 하는 부분이다. 또한 반성을 하면서도 잘

대한민국 아빠, 엄마들에게

못 고치는 부분이기도 하다.

우리 부부는 싸움을 하면서 서로를 비난하고, 정죄한다. 가끔은 육두문자까지 사용하게 된다. 싸우는 모습을 시온이 앞에서 보여주면 시온이는 벌벌 떨고 크게 울면서 나의 바짓가랑이를 잡는다. 이런 모습을 보면 멈춰야 하는데, 가끔 제어가 안 되는 때가 있다. 아내도 마찬가지였다. 아내와 나는 나쁜 엄마, 아빠였다.

아이가 부부 싸움을 목격하면 큰 전쟁이 난 것처럼 느낀다고 한다. 극도의 불안감과 공포감을 느낀다. 더 심각한 것은 아이가 엄마 아빠 싸움의 원인을 자기에게 돌린다는 것이다. 이러한 자책은 아이의 발달에 크나큰 영향을 미친다고 한다. 감정적, 심리적으로 큰 타격을 입으며, 발달의 퇴행도 불러올 수 있다. 심지어 폭력적인 아이로 성장할 수 있다고도 하니 각별히 유의해야 할 듯하다.

아이는 사랑으로 보듬어주고 감싸줘야 할 존재이다. 아이 앞에서만큼은 안 싸우는 것이 최선이다. 부부끼리 싸우지 않고 사이좋게 지내는 모습을 보여주는 것이 최고의 교육법이다.

결혼식장에서 이런 주례사를 많이 들어보았을 것이다.

"신랑 신부, 검은 머리 파뿌리 되도록 서로 이해하고 양보하며 살길 바랍니다. 백년해로하는 부부 되길 바랍니다."

이 주례사처럼만 살아간다면 아마도 부부가 싸울 일은 절대로 없을 것이다.

연민의 정으로 서로를 측은하게 바라보는 마음이 필요하다고 본다. 남편은 홀로 육아를 하는 아내의 고군분투를 생각해주자. 아내는 가족을 위해 힘들게 일하는 남편을 이해해주자. 그리고 서로를 따뜻하게 위로해주자. 가정 안에 위로가 없다면 그 가정은 따뜻한 집이 아닌 그냥 집구석이 되고 만다. 부부끼리 서로 어깨와 팔다리를 주물러 주는 것은 어떨까? 그리고 아이가 잠든 사이 잠깐이나마 대화를 나누어보는 것은 어떨까? 우리 부부도 이것을 실천하려고 노력하고 있다. 바뀌어가려고 서로 애쓰고 있다.

시온이 앞에서 더 이상 싸우지 않으려 한다. 아내를 비난하고 정죄하지 않으려 한다. 부부는 억겁의 인연이라고 하지 않는가. 긴 시간을 거쳐 만난 사이이므로 더욱 특별하지 않을 수 없다. 그 특별한 사람에게 이제 잘하려고 한다. 달콤살벌한 부부에서 오로지 달콤달콤한 부부가 되고자 노력하려 한다.

대한민국 아빠, 엄마들에게

파랑새는
멀리 있지 않다

소년 틸틸과 소녀 미틸이라는 남매에게 어느 날 늙은 요정이 찾아온다. 요정은 아픈 아이의 행복을 위해 파랑새가 필요하다며 남매에게 파랑새를 찾아줄 것을 부탁한다. 그러면서 틸틸과 미틸에게 다이아몬드가 박힌 모자를 건넨다. 모자를 쓴 아이들의 눈앞에 굉장히 신기한 광경이 펼쳐진다. 늙은 요정이 젊고 아름답게 보이고, 물과 우유, 사탕, 빵, 불, 고양이와 개의 영혼을 볼 수 있게 된 것이다. 그렇게 틸틸과 미틸은 영혼들과 함께 파랑새를 찾아 떠난다.

시간의 안개를 뚫고 추억의 나라에 도착한 틸틸과 미틸은 돌아가신 할아버지와 할머니를 만난다. 하지만 파랑새는 찾을 수 없었다. 밤의 궁전으로도 가보지만, 그곳에도 역시 파랑새는 없었다. 이어 숲과 묘지, 미래의 왕국을 전전하지만 그 어느 곳에서도 파랑새를 찾을 수 없었다. 결국 빈손으로 집에 돌아온 틸틸과 미틸은 영혼들과 작별인사를 하고 헤어진다. 그런데 다음 날 아침, 잠에서 깬 틸틸과 미틸은 집 안의 새장에 있던 새가 바로 파랑새라는 것을 깨닫게 된다. 틸틸과 미틸은 반가운 마음에 새장을 연다. 그 순간 파랑새는 멀리 날아가버린다.

벨기에의 작가인 모리스 마테를링크의 《파랑새 이야기》이다. 전 세계적으로 유명한 이 동화를 모르는 이는 없을 것이다. 틸틸과 미틸은 파랑새를 찾기 위해 여기저기 헤매지만 결국 집 안의 새장에서 파랑새를 찾게 된다. 이야기 속의 파랑새는 '행복'을 의미한다. 작가는 틸틸과 미틸의 여정을 통해 행복은 먼 곳이 아닌 가까운 곳에 있다는 메시지를 남긴다.

틸틸과 미틸처럼, 우리 아빠들 엄마들도 파랑새를 찾아 헤매고 있는 것은 아닐까? 우리는 성공을 하면 파랑새가 있는 줄 알고 파랑새를 찾기 위해 동분서주하면서 살아간다. 뒤도 돌아보지 않고 앞만 보며 바쁘게 달린다. 마치 스프링 벅처럼 말이다.

스프링 벅은 아프리카에 서식하고 있는, 뿔 달린 사슴을 닮은 초식동물이다. 시속 94Km의 속력으로 뛴다고 하니, 치타조차 여간해서는 못 따라잡을 정도이다. 스프링 벅은 아프리카 초원에서 수백 마리씩 무리를 지어 살아간다. 그런데 이 스프링 벅이 한 번씩 집단으로 떼죽음을 당한다. 사냥이나 질병에 의해 희생당하는 것이 아니라 스스로 절벽으로 뛰어내리는 것이다. 아프리카 과학자들이 이 떼죽음의 원인을 밝히기 위해 연구한 결과 놀라운 사실을 알아냈다. 선천적으로 식욕이 좋은 스프링 벅은 풀을 뜯어 먹을 때도 무리를 지어 먹는다. 그러다 보니 뒤에서 풀을 뜯고 있는 스프링 벅은 앞에 있는 스프링 벅보다 더 많이 먹으려고 더 빨리 나아가려는 모습을 보인다.

그러면 앞에 있던 스프링 벅은 자리를 빼앗기지 않으려고 그보다 더 빨리 나아가려고 한다. 그렇게 수백 마리가 목적을 상실한 채 죽을 힘을 다해 달리게 된다. 결국 강이나 절벽으로 뛰어들면서 떼죽음을 당하는 것이다. 이렇게 맹목적으로 앞만 보며 달려가는 것을 스프링 벅 현상이라고 한다.

우리는 파랑새를 찾기 위해 스프링 벅처럼 달리고 있지는 않은지 진지하게 짚어볼 필요가 있다. 사회적 성공이 물론 행복을 가져다줄 수는 있지만 그것에 목멜 필요는 없다. 참된 행복은 집 안에 있다고 생각한다. 가족과 함께 시간을 보내고, 대화하고, 서로 보듬으면 행복은 새처럼 날아가지 않는다. 남과 비교할 필요도, 경쟁할 필요도 없다. 육아에 매달리면 아무래도 인생은 조금 느려진다. 육아하느라 남보다 뒤처진다는 느낌도 분명 받을 수 있다. 그러나 결코 조급해하지 않았으면 한다. 육아는 파랑새를 데려다줄 수 있다. 해보면 안다. 정말 파랑새는 멀리 있지 않다.

어렸을 때부터 나는 키가 작았다. 그래서 나는 괴롭히기에, 심부름시키기에 좋은 대상이었다. 소위 말하는 '꼬봉' 노릇을 많이 했었다. 돈도 빼앗겼다. 학교폭력 피해자였다. 1990년대를 휩쓸었던 아이돌 그룹 HOT의 〈전사의 후예〉라는 노래가 있다. 학교폭력에 관한 주제로 큰 이슈가 되었던 곡이다. 그 노래의 내용처럼 나는 학교폭력의 피해자였다.

폭력이 있는 학교가 너무 싫었다. 정말 다니고 싶지 않았다. 그렇다고 안 가지는 않았다. 만약 가지 않으면 부모님이 사실을 알게 될 수 있고, 그러면 가해질지도 모를 보복이 두려웠다. 가해한 친구들이 부모님에게나 선생님한테 말하지 말라고 했다. 무서워서 말도 못하고 숨어 지냈다. 언제나 나는 토요일만 손꼽아 기다렸다. 수업을 일찍 마치고 집에 올 수 있기 때문이다. 학교를 안 가도 되는 일요일이 기다리고 있기 때문이다.

월요일이 되면 다시 괴롭힘이 시작되었다. 그나마 지옥은 면할 수 있었다. 같은 반에 덩치 좀 좋고 착한 친구들이 있었는데, 그 친구들이 보호막이 되어주곤 했기 때문이다. 그래도 정말 힘들었다. 자살하려는 마음까지 먹을 정도로 고통스러웠다. 그러나 용기가 나지 않았다. 무조건 참을 수밖에 없었다. 어쩔 수 없이 참고 다녔다. 가해한 친구들의 요구에 다 부응을 해주었다. 세월이 약이겠지 하면서. 중고등학교 시절 대부분을 이렇게 견디면서 지냈다. 지금 생각해보면 어떻게 그렇게 참고 살았는지 의문이다.

'훗날 정말 좋은 사람, 훌륭한 사람이 되어서 약한 사람을 도와줘야겠다. 적어도 나와 같은 고통은 안 당하도록.'

수십 번을 다짐하고 또 다짐했다.

학창시절이 힘들었던 데에는 아버지의 영향도 컸다. 아버지는 내 자존감을 밟는 행동을 많이 했다. 그런 상태에서 학교폭력까지 당하니 나는 지금 처한 상황에서 탈출하고 싶은 마음밖에 없었다. 그리고 누군가에게 인정받고 싶었다.

우울함으로 얼룩진 중고등학교 생활을 마치고 대학생이 되었다. 그야말로 탈출한 기분이었다. 나는 탈출의 기쁨을 만끽하고 싶어서 학과 공부보다는 사물놀이 동아리 활동에 치중했다. 사물놀이 동아리는 완전한 신세계였다. 신입생이라고 정말 극진한 대접을 받았다. 조금 과장을 섞어 말하면 아주 떠받들어주었다. 융숭한 대접을 받으니 아버지에게 밟히고 친구들에게 당해서 입은 상처가 싹 낫는 기분이었다. 오로지 신입생이라는 이유로 인정해주고 잘해주니까 그저 좋았다.

사물놀이 동아리 특성상 대학교 축제 때 사람들 앞에서 공연을 한다. 나도 평소 연습을 열심히 해서 축제의 한 무대를 장식했다. 우리 동아리의 공연이 끝나자 박수 세례가 쏟아졌다. 무대에서 내려오자 졸업하신 선배님들과 학우들이 칭찬 세례를 퍼부었다. 박수와 칭찬을 받으니 정말 행복했다. 오랫동안 죽어 있던 자존감이 반짝 살아나는 듯했다.

'아, 나도 이렇게 잘하는 것이 있구나!'

스스로가 대견하게 느껴졌다.

나는 지금도 강의나 행사에 목마름이 생긴다. 어찌 보면 박수갈채와 칭찬이 그리워서인 듯하다. MC나 강사들은 청중들의 반응과 박수를 먹고 사는 사람이다. 또한 나는 키는 작아도 목소리는 크다. 군대에서도 우렁찬 목소리 하나는 인정받았다. 큰 목소리는 MC나 강사에게 꼭 필요한 조건 중 하나다. 나는 그 조건을 갖춘 사람이기에 더더욱 MC와 강사 일에 의욕이 생긴다.

나는 개인적으로 중고등학교 시절을 인생의 큰 파도라고 생각한다. 세월이 흘러 사회인이 되고 가장이 된 지금은 무척 평온하다. 물론 지금이 태평성대라는 뜻은 아니다. 중고등학교 시절만큼 힘들지는 않다는 말이다. 적어도 그때처럼 무시나 괴롭힘을 대놓고 당하지는 않기에 평온할 수 있다. 가정을 이루고 아이를 낳고 살아가는 그 자체가 참 행복으로 다가온다.

누구나 살면서 어려움을 겪는다. 인생에서 한 번쯤은 큰 파도를 만나기 마련이다. 그러나 이겨낼 수 있다. 이겨낼 수 있는 방법 가운데 하나는 가까운 데서 행복을 찾는 것이다.

육아가 힘들어질 때 육아에서 행복을 찾으려는, 생각의 전환을 해 보자. 늘 '나'의 곁에 있는 아이는 행복의 파랑새라는 사실을 잊지 말자. 그 파랑새를 날려 보내서는 안 된다.

대한민국 아빠, 엄마들에게

내 힘으로
어쩔 수 없는 일

"형은 공부도 잘하고 착한데, 너는 왜 그러냐? 형 절반만큼만 해라."

"옆집 똘이는 똑똑하고 말도 잘 듣는다는데, 넌 누굴 닮아서 이래? 내가 못살아 정말."

많은 사람들이 성장기에 이런 식의 말을 한두 번쯤은 들었을 것이다. 나 또한 어렸을 때 이런 비교를 당하곤 했다. 비교를 당할 때마다 자존심 상하고 화도 났었다.

"너거 큰집에 형님 봐라. 키도 크고 얼굴도 잘생기고, 공부도 잘한다는데. 욱아, 니는 왜 그렇노?"

이 말은 아버지가 약주를 거나하게 드실 때마다 꺼내놓는 레퍼토리였다. 물론 술기운에 하는 소리였지만 당시에는 이런 말이 정말 듣기 싫었다.

'내가 왜 사촌형들과 비교를 당해야 하지?'

어린 마음에 형들과의 비교는 상처가 되었다.

왜 서로 다름을 인정하지 않을까? 똑같거나 비슷하지 않으면 무시와 차별의 대상이 되어야 하는 걸까? 비교하는 말은 듣는 사람에게 상처를 안긴다. 비교당한 사람은 자존감이 낮아지게 되어 사회생활을 원활하게 하기 어려워진다.

모든 아빠들은 느껴봤을 것이다. 세상에 나온 첫 순간 "응애 응애" 우는 아기의 힘찬 울음소리에 세상을 다 가진 듯한 기쁨이 밀려오는 기분을. 나도 그랬다. 우는 아기를 안을 때는 가슴이 뭉클해서 감동의 눈물까지 흘렸다.

그런데 막상 시온이를 기르면서는 울음소리 때문에 엄청 애를 먹었다. 아기는 보통 아플 때, 배고플 때, 잠이 올 때, 심심할 때, 쉬나 응가를 했을 때 운다. 시온이는 다른 아기들과 조금 다르게 심심할 때와 쉬나 응가를 했을 때는 울지 않았다. 그래서 기저귀는 응가 냄새나 상태를 보고 갈아주곤 했다.

문제는 울음의 '경우'보다는 '소리'였다. 시온이는 상대적으로 작게 울었다. 나는 그게 불안했다. 시온이에게 이상이 있는 것은 아닌가 싶었다. 그래서 육아 관련 책도 읽어보고 인터넷에서도 정보를 찾아보았다.

의외로 책에서는 큰 도움을 얻을 수 없었다. 소아청소년과 전문의들이 쓴 책들이 많았는데, 대개 본인들이 대학교 시절 공부한 표준적인 내용들이 많아서 시온이에게 딱히 적용해볼 만한 부분이 없었다.

다행히 인터넷에서 도움되는 정보를 찾을 수 있었다. 인터넷에는 엄마들의 실제 사례가 많이 나와 있었다. 우리 시온이처럼 작게 우는 아기들의 사례도 있었다. 그 글을 읽고 나서야 나는 별일 아니라는 것을 알고 가슴을 쓸어내렸다.

　지금 생각해보면 나는 참 어리석었다. 아기의 발육 상태는 부모의 양육 태도나 양육 환경, 아기의 기질이나 성향에 따라 천차만별임에도 불구하고 그야말로 시온이가 평균에서 조금만 벗어나면 불안하고 초조해했던 것이다. 이유식은 몇 개월부터 먹는가? 뒤집기는 몇 개월쯤에 하는가? 배밀이는 언제쯤 하는가? 이러한 통과의례들을 다른 아기들과 박자를 맞춰 하지 않으면 문제가 있는 것이 아닌가 걱정부터 했다. 아기들이 무슨 공장의 공산품처럼 일괄적으로 똑같은 것도 아닌데 말이다.

　핑계를 대자면, 그것이 바로 부모의 마음이라고 말하고 싶다. 솔직히 아기의 발달이 늦다고 고민하는 부모님들이 많을 것이다. 나처럼 유난을 떠는 부모도 적지는 않으리라 생각한다. 어쨌든 그분들에게 말하고 싶다. 걱정하시지 말라고.

　'왜 다른 아기들처럼 성장을 안 하지? 왜 우리 아이는 못하는 거지?'

　이렇게 비교하면, 비교하는 사람만 힘들어진다. 말 못하는 아기도 비교당하면 굉장히 기분이 나쁠 수 있다. 나는 반성했다. 나도 어렸을 때 비교당하는 것을 싫어했으면서 시온이를 다른 아이와 비교한 것을.

　나는 시온이가 걷지 못하는 것에도 조바심을 냈다. 시온이는 19개월에 접어들어서야 조금씩 걷기 시작했다. 넘어지지 않으려고 사뿐사뿐 걷는 모습에 눈물이 절로 나왔다. 남자가 눈물이 왜 이렇게 많냐고 생각할 수도 있다. 감수성이 풍부한 탓에 눈물이 절로 나오는 걸 어쩌랴? 다른 아기들보다 평균적으로 조금 늦게 걸어서 대학병원 진료까지 생각하고 있던 참이었다. 그런데 세상을 향해 한 발자국, 한 발자국 걷기 시작하니 감동을 받지 않을 수가 없었다. 박수와 함께 "오오!" 탄성까지 터져나왔다.

시온이는 이제 뛰기까지 한다. 잘 걷기 시작하면서 고집도 생겼다. 가고 싶은 대로 가려고, 하고 싶은 대로 하려고 떼를 쓰지만, 나는 행복하다. 감사하다.

비교는 영혼을 좀먹는 행위이다. 특히 육아에서는 더더욱 그렇다. 욕심을 조금 내려놓았으면 좋겠다. 이 글을 쓰고 있는 2019년 5월, 이 시점 시온이는 세 살 남자아이이다. 그렇지만 아직 말을 거의 못한다. 아빠, 엄마 이 두 단어조차도 불명확하다. 과거 같았으면 '왜 말을 못하지?' 하며 애를 태웠을 것이다. 가슴 졸이며 온갖 자료를 찾아보고 육아 선배들에게 자문을 구했을 것이다. 이제는 그렇게 난리법석을 떨지 않는다. '때가 되면 다 할 텐데' 하며 걱정을 내려놓고 있다.

사실 걱정한다고 해서 바뀌는 것도 거의 없다. 특히 언어적인 부분은 아기마다 천차만별이라고 한다. 내 직장동료의 아들은 다섯 살 접어들어 말을 하기 시작했다고 한다. 늦게 시작한 만큼 또렷하게 말을 한다고 한다. 걱정이 안 됐냐는 나의 물음에 동료는 이렇게 대답했다.

"걱정은 됐었지만 내 힘으로 어쩔 수 없는 부분이잖아."

현답이다. 때가 되면 이루어질 일은 억지로 힘을 쓴다고 해서 되지 않는다. 어차피 남자아이들은 여자아이들에 비해 언어적으로 늦는 경우가 많다고 한다. 시온이는 그 경우에 해당되는 것뿐이다.

걱정을 하지 말자고 주장하는 나도 사실은 걱정을 전혀 안 하는 것은 아니다. 그만큼 나도 나약한 인간인 것이다. 걱정이 생기면 나는 교회에 나가 하나님께 기도를 한다. 시온이가 건강하고 튼튼하게 잘 자라게 해달라고 말이다. 그러면 신기하게도 마음이 편안해진다.

부디 하루하루 감사함으로, 기쁜 마음으로 살아가자. 그리고 최선을 다하자. 아주 당연히 좋은 결과로 이어질 것이다. 신체적 성장 외에 다른 육아 문제들로 인해 마음 아파하는 아빠 엄마들도 있을 것이다. 그래도 좌절하기 말기를, 비교하지 말기를 바란다. 주변에 전문 기관이 많으니 활용을 해보는 것도 좋은 방법이다.

육아 또한
지나가리라

성경에 나오는 다윗 왕의 이야기이다. 어느 날 다윗 왕이 궁중의 세공인에게 명령을 내렸다.

"여봐라! 나를 위해 반지를 만들되 그 반지에는 내가 큰 승리를 거두어 기쁨을 억제할 수 없을 때 또한 내가 큰 절망에 빠졌을 때 용기를 줄 수 있는 글귀를 새기도록 해라."

세공인은 큰 고민에 빠졌다.

'도대체 어떻게 글귀를 만들어야 할까?'

온갖 생각을 해봐도 마땅한 생각이 안 떠올랐다. 그는 하는 수 없이 당대 최고의 지혜를 가진 솔로몬 왕자를 찾아갔다.

"솔로몬 왕자님, 어떻게 하면 왕의 마음을 다스릴 수 있는 글귀를 만들 수 있을까요?"

솔로몬 왕자는 한참 생각에 잠겼다가 이렇게 이야기했다.

"이것 또한 지나가리라This too shall pass away."

원체 유명한 글귀인지라 한 번쯤은 들어보았을 것이다. 정말 진리라고 생각되는 명언이다. 물리적인 시간이 째깍째깍 흐르다 보면 언

대한민국 아빠, 엄마들에게

제 그랬냐는 듯 기쁜 시절도, 힘든 시절도 다 지나간다. 모두가 하나의 추억으로 간직된다.

시온이가 태어난 지 1년이 지나 돌잔치를 했다. 돌잔치를 무사히 마치고 집에 돌아왔다. 시온이는 피곤했는지 오자마자 바로 단잠에 빠져버렸다. 시온이가 잠든 뒤 아내와 나는 1년 동안 서로 수고했다는 의미로 간단하게 캔맥주를 마시면서 이런저런 이야기를 나누었다. 그런데 아내가 뜬금없이 이런 말을 하는 것이 아닌가?

"나 너무 기분 좋다. 너무 행복하다."

그 말을 듣고 나는 흠칫 놀랐다.

'알코올 음료 한 잔 하더니 자아가 분리 되었나? 갑자기 왜 그러지?'

나는 아내가 어떤 대답을 할까 기대하면서 이렇게 물었다.

"니 와 그라노? 미쳤나?"

"아니, 나 미친 거 아니다. 사실은 일 년 동안 너무 힘들었다. 내 삶이 하나도 없어서 정말 죽고 싶은 적도 많았고, 시부모님 때문에 화가 나고 짜증난 적도 많았거든. 이래서 사람들이 시월드 시월드 하는구나 싶더라고. 우울해지고, 성질나고, 그러다 보니 시온이가 말을안 들을 때는 나도 인간인지라 쥐어박고 싶더라. 그래서 시온이를 온전히 당신에게 맡겨놓고 확 도망가버릴까 하는 못된 생각까지 했다. 그런데 막상 곤히 자고 있는 시온이를 보니까 너무 예쁘기도 하고 너무 불쌍하고 안 된 거야. 마음이 너무 찡하대. 나라는 년도 엄마랍시고 양심이 있고, 모성애가 있나봐."

아내는 눈물까지 흘렸다. 울면서 계속 이야기를 했다.

"만약 내가 없으면 어떡하지? 엄마 없이 자라는 애들은 반듯하게 안 크고 엇나간다는데. 엄마 없이 크면 시온이가 얼마나 힘들까? 나를 엄청 보고 싶어 할 텐데, 매일 엄마를 찾을 텐데, 이런 생각이 들더라고. 무엇보다 내가 낳은 내 새끼 안 보고 살 자신이 안 생기더라. 그걸 생각하니 나쁜 마음들도 한순간 사라지더라고. 남들이 조금만 더 고생하면 지금보다 훨씬 편안해진다니까, 그래서 참고 또 참았더니, 벌써 1년이라는 시간이 지났네. 시온이 돌잔치를 하니 너무 기분 좋고 행복해. 잘 참아준 내가 너무 기특해."

아내의 진실한 고백을 듣는 순간 내 가슴은 터질 것만 같았다. 그래서 아내를 끌어안고 같이 울었다. 태어나서 돌잔치를 하게 된 그순간까지의 수많은 일들이 영화처럼 스쳐지나갔다. 엉엉 울고 싶었지만 시온이가 깰까봐 소리죽여 울었다. 그리고 고생만 한 아내를 몸이 부서지게 꼭 안아주었다.

"여보, 고마워. 정말 고마워. 1년 동안 많이 힘들었지? 내가 더 많이 도와주고 노력할게. 앞으로 우리에게는 행복하고 즐거운 일들만 가득할 거야. 사랑해."

아내의 우는 모습에 동정심이 느껴졌다. 아내가 정신적으로 육체적으로 많이 힘들었다는 것을 알고 마음이 아팠다. 실컷 운 아내는 술기운으로 인해 이내 잠이 들었다. 나는 잠든 아내와 시온이를 두고 집 밖으로 나가 펑펑 울었다.

"아버지, 어머니, 이렇게 저를 낳아주셔서 감사드리고, 어엿한 성인으로 자라서 결혼까지 하게 되어 너무 감사드려요. 저를 낳아서 얼마나 고생 많으셨어요? 진짜 힘드셨죠? 제가 시온이 키워보니까 알 것 같아요. 부모님의 사랑 너무 감사합니다. 그리고 장모님도 감사합니다. 예쁜 딸 곱게 길러 저에게 보내주셔서요. 저에게 안 왔으면 시온이를 만나지도 못했을 텐데, 너무 감사합니다."

울면서 조용하게 읊조렸다. 만나서 말씀을 드려야 하는 것이 원칙이고 도리이지만 오리지널 경상도 남자이다 보니 부끄러웠다. 맘속에 담고 있을 수밖에 없었다. 희한하게도 울고 나니 무척 마음이 개운하고 시원했다. 내 자신이 그렇게 기특할 수가 없었다. 아내가 미치도록 사랑스럽고 고마웠다.

솔직히 나도 힘들었다. 지금도 힘들긴 하지만 2년 전에 비하면 그저 웃음이 나온다. 웃으면서 그때를 이야기할 수 있는 여유가 있다. 그 여유가 생겨 행복하다.

"괜찮아질 거야. 시간이 해결해줘. 지나고 나면 아무것도 아니야."

육아에 지쳐 있을 때 육아 선배들은 이렇게 나를 위로하곤 했었다. 당시에 큰 위로가 되지는 않았지만 시간이 지난 지금은 이 말이 뜻 깊게 다가온다. 시간이 갈수록 시온이는 예쁘고 귀엽게 행동했다. 그 행동으로 인해 힘든 마음이 누그러졌다. 보람과 뿌듯함을 느끼게 해주었다.

솔로몬의 말처럼 결국은 다 지나간다. 그런데 왜 그렇게 육아를 어려워하고 힘들어했을까? 육아 선배들이 다시 오지 않는 그 시절을 즐기라고 했는데, 그 말이 전혀 와 닿지 않았었다. 지나고 보니 와 닿는다. 사실 지금도 힘들지만 조금씩 성장하고 있는 시온이를 보며 즐겁고 행복한 육아를 하고 있다.

다둥이 부모님들은 이런 내가 우스울지도 모르겠다. 겨우 아기 하나 가지고 유난 떠는 거라 여길 수도 있을 것이다. 사실 애 한 명을 키우면서 이런 책을 쓴다는 나를 보고 코웃음을 치는 사람도 있긴 했다. 그렇지만 육아를 하면서 배우고 느낀 점을 공유하고 싶었다. 육아에 낯설어하고 힘들어하는 예비부부, 초보부부에게 어설프지만 힘이 되어주고 싶었다.

펑펑 울고 나니 1년 동안 고생한 것들이 싸악 잊히는 것 같았다. 물론 산 넘어 산이라고, 앞으로도 힘든 일들이 많을 것이라 생각은 했다. 하지만 극복해야 한다고 마음먹었다. 왜? 나는 아빠니까. 나는 가장이니까. 스스로 다짐을 하고 파이팅을 외치고 집으로 들어왔다. 그리고 사랑스러운 가족들 곁에서 행복하게 잠들었다.

요즘 100세 인생이라고 한다. 길고 긴 인생을 살다 보면 누구나 어둠에 빠지는 일이 있을 것이다. 성공의 가도를 달리다가, 롤러코스터처럼 추락할 수도 있을 것이다. 빛나는 삶을 살다가 추락을 하면 어둠이 닥치게 된다. 그러나 언제까지나 어둡지만은 않다. 극장에 들어서면 처음엔 어두워서 좌석 번호조차 잘 안 보이지만 곧 적응이 되어 많은 것이 시야에 들어온다. 어둠이 변한 것이 아니라 '나'의 시각이 변화한 것이다. 즉 적응한 것이다.

우리가 살면서 닥치는 어둠은 극장 안의 어둠 같은 것일지도 모른다. 시간이 지나면, 마음만 먹으면 적응하고 이겨낼 수 있다. 겨울이 언제까지나 겨울일 수 없듯이 참고 견디면 봄은 온다. 어둠과 같고 겨울과 같은 육아가 빛과 봄으로 달라질 것이다.

육아에 매달리고 있는 이 땅의 아빠, 엄마들 진짜 많이 힘들 것이다. 그래도 우리는 슈퍼맨, 슈퍼우먼이 될 수밖에 없다. 그것은 거룩한 이름이지 장난스럽게 불리는 이름이 아니다. 어둠은 빛을 이길 수 없다. 봄이 오는 시기가 지역마다 다르듯 그때가 오는 시기는 사람마다 다르겠지만 반드시 온다. 동서고금을 막론한 진리다.

인간이 덜된 우리 부부가 부모가 되고 나서 더 큰 어른, 참된 어른으로 성장하게 해준 시온이에게 이 말을 꼭 전해주고 싶다.

"사랑한다. 정말 사랑한다. 하시온!"

마치는 글

과거의 아버지들은 정말로 편안하게 살았던 것 같다. 그냥 경제적인 능력만 있다면 최고의 아버지였다. 밖에서는 호인好人인데 아내와 자식에게는 신경을 안 쓰는 아버지들이 많이 계셨다. 짐작컨대 아마 유교사상의 영향이 컸으리라.

현재의 수많은 아빠들도 마음은 과거의 아버지들처럼 살고 싶을지도 모른다. 우리 솔직해져 보자. 나 또한 돈만 벌어다 주고 가정 일에는 신경을 끄고 싶은 게 솔직한 심정이다. 경제적 도움만 주고 나의 행복만을 위해 살고 싶다. 천성적으로 사람을 좋아하는 나는 사람들을 만나 대화를 나누고 술잔을 맞대면서 살아가고 싶다. 하지만 어찌 하고 싶은 대로 다 하고 살 수 있겠는가? 그렇게 사는 사람이 세상에 몇이나 되겠는가? 나와 여러분은 성인이기에 책임감을 가지고 살아야 한다. 현실에 맞춰 사는 것이 바른 삶이다.

시온이가 태어난 뒤 나와 아내는 삶 자체가 엄청 바뀌었다. 부모인 여러분도 마찬가지일 것이다. 아이를 낳고, 그 아이를 기르는 것. 이것은 아빠 엄마 들에게 일생일대의 큰 사건이다.

나는 언급했다시피 사회복지사로 근무를 하고 있다. 그러면서 때로는 MC로서 행사장을 누비고, 가끔은 강연도 하면서 바쁘게 살고 있다. 이제 작가라는 이력이 한 개 더 붙었으니 더욱더 바빠질 듯하다. 몸이 두 개였으면 하는 생각도 들곤 한다. 정말이지 일을 하면서 육아를 병행한다는 것은 몸이 조각날 만큼 힘든 일이다.

나는 욕심이 많다. 돈 욕심도 있지만 일 욕심도 있다. 내가 하는 일을 잘하려고 하는 욕심도 있다. 그러다 보니 육아 또한 이왕 하는 것 잘하고 싶었다. 그렇지만 잘하기가 어려웠다. 그런 점에서 아내는 나보다 나았다. 전업 주부로서 살림도 하고, 내조도 하고, 아이도 기르는 아내는 정말 슈퍼우먼이다. 처음에는 아내도 육아만큼은 어설펐다. 그런데 어느 순간 점점 엄마의 티가 나기 시작했고, 나는 그것이 존경스러웠다. 아내는 이제 훌륭한 엄마다. 훌륭한 엄마가 되어준 아내에게 감사할 따름이다. 그 어떤 것으로도 보답할 길이 없다.

이제는 아빠들도 육아에 참여할 시대이다. 각종 매스컴에서 아빠 육아를 홍보한 점도 있지만 아빠가 동참하는 것이 여러 모로 좋은 점이 많다. 여러분은 이 책을 통해서 그것을 확인했다. 아빠의 육아 참여는 아이의 사회성과 성취욕을 높이는 데 이바지한다. 정서적으로도 안정감을 갖는 데 도움을 준다. 내 주장이 아니라 관련 학자들의 주장이다. 아빠 육아가 무슨 특별한 방법이 있는 것이 아니다. 그냥 아이와 함께 놀아주고 호흡하면 되는 것이다. 그것이 최고의 아빠 육아법이다. 자신을 돌보아주는 아빠를 아이는 당연히 최고로 여길 것이다. 최고의 슈퍼맨, 슈퍼스타로 여길 것이다. 이렇게 좋은 아빠 육아를 정말 안 할 셈인가?

한편 아이를 양육하면서 소신을 가져보기를 권한다. 귀를 아예 닫아도 안 되겠지만 귀가 얇아져서도 안 된다. 타인들의 시선, 소리에 둔감해질 필요가 있다. 우리 아이가 남들하고 조금 다르다고 해서, 느리다고 해서 불안해하지 말아야 한다. 절대 비교해서도 안 된다. 자녀들이 모르는 것 같아도 다 알고 있다. 자녀의 자존감을 키워주는 것은 비교가 아닌 칭찬과 격려다. 결국에는 다 하게 되어 있다. 빠르고 늦고의 차이일 뿐, 아이의 능력은 무림 속의 고수처럼 숨어 있다. 언젠가는 발현이 된다.

요즘 시온이가 숟가락질도 스스로 하려고 애를 쓰고, 물컵의 물을 스스로 마시려고 기를 쓴다. 그 모습을 보면 대견하고 흐뭇하다. 하나하나 해내려고 하는 모습에 기쁨이 우러난다. 다만 아직도 언어적인 부분은 진전이 안 되고 있다. 그렇지만 결국은 시간이 해결해 주리라. 힘들어도 부정적으로 생각할 필요는 없다. 그렇다고 달라지는 것은 조금도 없으니까. 피할 수 없으면 즐기자.

소박하든 원대하든 모든 꿈은 아름답다. 그러나 꿈만 꾸고 있는 사람들은 전혀 아름답지 않다.

이 세상 아빠, 엄마 들의 육아에 대한 모든 꿈이 이루어지길 바라며, 글을 닫고자 한다.